Monat für Monat

Was ist wann zu tun im Garten

März Der Garten braucht uns. Eigentlich könnte man sich jetzt überschlagen! Geschnitten werden: junge Hecken, Laub abwerfende Bäume und Sträucher. Gepflanzt werden: Rosen, Herbstblüher, wie der Schmetterlingsstrauch, und all das, was man im Herbst nicht geschafft hat. Das macht Spaß, die Erde riecht herrlich nach Frühling. Die richtige Zeit zum Düngen und für eine Austriebsspritzung bei Rosen.

April **Der explodierende Garten.** Jetzt gibt es kein Halten mehr. Man kann förmlich zuschauen, wie alles wächst. Überall sprießt das junge Grün. Frühling! Schneeschauer sind ein kurzes Intermezzo. Sommerblumen können jetzt direkt ins Freiland gesät werden. Sommer- und Herbststauden, wie Montbretien und Herbst-Anemonen, werden gepflanzt. Auch immergrüne Gehölze kommen nun in die Erde.

April Vögel freuen sich über täglich frisches Trink- und Badewasser. Der erste Rasenschnitt wird fällig. Auch für Rasenerneuerung ist die richtige Zeit. Bei trockenem, warmem Wetter muss schon gewässert werden, und nicht nur der frisch eingesäte Rasen. Nadelholzhecken, wie Eiben, schneidet man am besten jetzt. Das verwelkende Laub von Blaustern, Schneeglöckchen usw. nicht entfernen. Ein zauberhafter Monat voller Frische.

Juli **Der üppige Garten.** Wässern ist angesagt, besonders bei Immergrünen. Verwelktes von Rosen abschneiden, auch von Stauden für die zweite Blüte. Hohe Stauden aufbinden, Rasen während Hitzeperioden nicht zu oft und zu tief mähen. Garten auf Ihre Reisezeit vorbereiten: gründlich wässern, bei Beetrosen, Einjährigen und Stauden Knospen abschneiden. Dann können Sie sich bei Ihrer Rückkehr an den Blüten erfreuen.

August **Der pausierende Garten.** Verschnaufpause im Garten, doch nicht für uns. Wässern wie im Juli, Rhododendren jedoch knapp halten. Sie setzen so mehr Blütenknospen an. Abgeblühtes entfernen, auch bei Rosen. Zweiter Schnitt bei sommergrünen Hecken. Lange Triebe der Glyzinen kräftig zurückschneiden. Einjährige nochmals düngen. Christrosen, Iris und im Juni blühende Stauden (wie Rittersporn) pflanzen.

Oktober Den Rasen von Laub und herabgefallenen Früchten befreien, noch zwei Mal mähen. Abgeblühte Stauden werden knapp über dem Boden abgeschnitten, und die Sommerblumen aus ihren Beeten genommen. Alle gesunden Herbstabfälle kommen auf den Kompost. Immergrüne wässern, so lange der Boden frostfrei ist. Ende des Monats auch in milden Gegenden »Exoten« gut versorgen und frostfrei überwintern.

November **Der sich verabschiedende Garten.** Es lässt sich nicht leugnen, der Winter ist in Sicht. Winterschutz bereitlegen, für alle Fälle. Gepflanzt werden noch: Laub abwerfende Gehölze, die im Frühling blühen, Stauden und wurzelnackte Rosen. Winterschutz bei frisch Gepflanztem. Boden vorbereiten für die Raseneinsaat im Frühling. Alles Trockene und Verblühte abschneiden. Falllaub unter Bäume und Sträucher und auf Beete verteilen.

Dezember **Der verschneite Garten.** Das wäre der beste Winterschutz! Immergrüne mit Tannenzweigen schützen und wässern, wenn kein Frost ist. Verwilderte Ziersträucher auslichten. Ab 4.12. Barbarazweige (Forsythien) für das Zimmer schneiden. Sie blühen an Weihnachten. Gartengeräte säubern, Wasserleitungen entleeren, Nistkästen aufhängen und Vögel füttern. Regelmäßige Kontrollgänge tun Ihnen und dem Garten gut.

HELGA URBAN / THOMAS HAGEN

Der Garten für Einsteiger

Inhalt

Die ersten Schritte zum eigenen Garten

So geht's ganz leicht

Die besten Pflanzen für Garten-Anfänger

Anhang

Die ersten Schritte zum eigenen Garten

»Leben ist nicht genug«, sagte der Schmetterling. »Sonnenschein, Freiheit und eine kleine Blume muss man haben.« (J.I. Jensen)

Aller Anfang...

Ist gar nicht so schwer. Nur Mut!

Die Qual der Wahl beim Einkauf für den neuen Garten. Haben möchte man am liebsten alles.

Hurra, ich habe einen Garten! Mit diesem Jubelschrei begann ein Abenteuer, das mein Leben mehr verändert hat als jede andere Entscheidung zuvor.

Endlich kann ich schalten und walten, wie es mir gefällt, meiner Fantasie freien Lauf lassen, meine Wünsche verwirklichen und in der Erde wühlen. Ein herrliches Gefühl! Mit niemandem muss man diskutieren, keiner widerspricht. Niemand macht mir Vorschriften. Oder doch? Dass die Natur ihre eigenen Gesetze hat, die stärker sind als der eigene Wille, musste ich erst schmerzlich lernen.

Auch zum Wetter bekommt man ein ganz anderes Verhältnis. Ist so ein Regenguss nicht ein Segen, wenn gerade die Düngeaktion beendet ist? Man hatte sowieso keine Zeit mehr zum leidigen Wässern. Und Kraft auch nicht. Nun muss man notgedrungen eine Pause einlegen. Schlechtes Wetter ist auf einmal unheimlich schön.

Sich nach getaner Arbeit – selbst der pflegeleichteste Garten braucht eine ordnende Hand, er braucht Wasser und Nahrung – nur noch hinzusetzen ins selbst geschaffene kleine Paradies, um es zu genießen, ist eine wunderbare Befriedigung. Oder das Frühlingserwachen im eigenen Garten zu erleben. Oder Veilchen im November zu pflücken. Etwas Eigenes zu schaffen, und sei es noch so klein – gibt es etwas Schöneres?

Der Garten dankt alle Liebe, die man hineinsteckt. Mit der Zeit entsteht eine Wechselwirkung nach dem Motto: »Gibst du mir, geb ich dir.« Einmal braucht der Garten Zuwendung und Hilfe. Auch das Androhen von Maßnahmen kann eine erstaunliche Wirkung haben. Ein anderes Mal gibt der Garten dem Menschen Kraft. Das funktioniert hervorragend.

Wenn aber einmal etwas schief geht, eine Pflanze sogar meint, sie müsse abtreten, dann macht sie das ja nicht, um uns zu ärgern. Irgendetwas hat ihr nicht behagt – nur: wie merkt man es, bevor es zu spät ist? Schließlich werden die wenigsten von uns mit einem silbernen Spaten in der Hand geboren!

Das ist nur ein Weg, der zum eigenen kleinen Paradies führt.

Richtig planen

Gleich zu Anfang – macht später vieles leichter.

Oft gibt es beim Grundstück nichts zu wählen. Es wurde mit dem Haus gekauft, war das Einzige, was zu haben oder bezahlbar war. Hat der Garten Mängel – wer findet schon uneingeschränkt alles schön, was der Vorgänger gemacht hat – gilt es, die Mängel zu beseitigen oder zu mildern. Das muss ja nicht alles sofort geschehen, die Zeit ist unser Verbündeter. Und auch bei Neubauten muss man mit den Gegebenheiten zurechtkommen. Fehlt es an Nährstoffen, kann durch Düngen nachgeholfen werden, fehlt es an Feuchtigkeit, durch Bewässerung. Nur eines können Sie nicht künstlich hervorbringen: die Sonne.

Bevor Sie die tollsten Ideen entwickeln, ist es sinnvoll, sich erst einige Fragen zu beantworten.

- Wo ist der sonnigste Teil des Gartens, am Mittag und am Abend?
- Wo ist der geschützteste Platz?
- Welche Nachbarn habe ich? Möchte ich vielleicht den Zaun entfernen, damit der Garten großzügiger wirkt? Oder möchte ich mit ihnen so wenig wie möglich zu tun haben? Das soll es ja auch geben!
- Wie ist der Boden beschaffen? Auf sandigem Boden fühlen sich andere Pflanzen wohl als auf lehmigem, auf saurem andere als auf kalkhaltigem (siehe Seite 36 f.).
- Über den Weg zur Haustür, die Einzäunung und die leidigen Mülltonnen muss man sich auch Gedanken machen.
- Nachbarrechte und -pflichten sind von Ort zu Ort, ja selbst innerhalb eines Ortes unterschiedlich. Um unnötigen Ärger zu vermeiden, sollte man sich wegen der Grenzabstände bei der örtlichen Verwaltung erkundigen.

Mit der Zeit wird dieser Garten wunderschön aussehen. Auch wenn man es sich in diesem Stadium kaum vorstellen kann.

Was erwarte ich vom Garten? Bestimmt nicht, dass ich noch mehr Arbeit habe. Sind mir Ruhe und Entspannung am wichtigsten? Oder die Freude an Pflanzen, Farben, Düften, oder der Natur als Ganzes? Möchte ich fröhliche Feste in ihm feiern oder brauche ich einen Spielplatz für die Kinder? Oder möchte ich einfach nach Herzenslust gestalten?

In den seltensten Fällen hat man einen Garten für sich allein. So unterschiedlich die Menschen sind, so unterschiedlich sind ihre Wünsche und Erwartungen. Also heißt es: Kompromisse machen.

Dabei können wunderschöne Ergebnisse entstehen. Ein Rosengarten, ein Kräuterbeet, ein Sitzplatz für den Abend, eine Duftrabatte, ein Hausbaum, ein Gewächshaus – das lässt sich alles unter einen Hut bringen. Und planen Sie auf Zeit. Warum nicht den Sandkasten dorthin setzen, wo man später einen kleinen Teich haben möchte?

Auch dieser Garten wurde einmal neu angelegt – nur sind schon einige Jahre vergangen.

Wunsch und Wirklichkeit

sind manchmal nicht zu vereinbaren. Warum es sich unnötig schwer machen? Ein Lavendel kann sich ebenso wenig im Waldschatten wohl fühlen wie ein Rhododendron auf magerem Kalkboden an der Südwand eines Hauses. Nutzen Sie die jeweiligen Gegebenheiten zu Ihrem Vorteil. Informieren Sie sich in den Pflanzenbeschreibungen (Seite 80 ff.) über die Ansprüche Ihrer Lieblinge. Planen Sie nicht gegen die Natur, Sie werden nur frustriert sein und Zeit, Geld und Kraft verschwenden. Und die motivierenden Erfolgserlebnisse bleiben aus.

Auf keinen Fall sollten Sie Ihre persönliche Beziehung zum Garten außer Acht lassen. Ein Garten lebt von der Persönlichkeit des Besitzers. Versuchen Sie nicht, gegen Ihr Naturell zu planen. Wenn Sie sehr ordentlich sind und kein Blättchen liegen sehen können, ist ein romantischer Garten mit nostalgischen Rosen und vielen Stauden nicht das Ideale. Sind Sie dagegen romantisch veranlagt oder auch etwas chaotisch, werden Sie kaum in einem klar durchgestylten Garten glücklich werden.

Welche Jahreszeit

ist mir die wichtigste? Wenn ich regelmäßig auf Mallorca überwintere, braucht der Garten um diese Zeit nicht attraktiv zu sein. Das winterblühende Geißblatt und die Schneeglöckchen sind längst verblüht, wenn ich erst im März zurückkomme. Verreise ich dagegen regelmäßig während der Schulferien, braucht mich das viel beklagte Blühloch im August nicht zu kümmern (was übrigens kein Loch sein muss). Fange ich aber Jahr für Jahr im November an, schwermütig zu werden, brauche ich Pflanzen, die erst dann zu blühen anfangen, wenn sich sonst alles verabschiedet. Auch Fragen wie: »Wie viel Arbeit kann ich leisten und bin ich gewillt zu leisten? Wie viel Zeit kann ich investieren?«, sollte man sich ehrlich beantworten.

Idealerweise betrachtet man den Garten als Fortsetzung des Hauses, ja sogar der Innenräume. Wenn ich altdeutsche Möbel habe und blicke in einen Garten mit Bambus und Steinlaternen, passt das genauso wenig zusammen wie eine Art-Déco-Einrichtung zu Gartenzwergen im Bauerngarten. Ein mediterraner Garten ist an der Nordseeküste so fehl am Platz wie ein ostasiatischer im Allgäu.

Das Ziel der Gartengestaltung sollte also ein harmonisches Ganzes sein, im Einklang mit dem Stil des Hauses und der Umgebung – mit einer ganz persönlichen Note, die den eigenen Garten von anderen Gärten unterscheidet.

Räume aufteilen

Und dadurch Größe schaffen – so paradox das klingt

Wie mag es hinter der Hecke wohl weitergehen? »Raumteiler« und Durchgänge machen neugierig.

Wände begrenzen einen Innenraum. Sie sind in der Regel vorhanden. Im Garten muss der Raum erst gebildet werden. In größeren Gärten durch Bäume und Hecken – in kleineren durch Mauern, Zäune, Rankgerüste oder eine Pergola.

Die Raumwirkung ist gleichbedeutend mit Dreidimensionalität – Länge, Breite und Höhe. Es gibt auch noch eine vierte Dimension, die Zeit – die kommt im Kapitel »Umgestaltung« dran (Seite 20). Unterschätzen Sie nicht die Höhe. Sie ist sehr wichtig. Der Garten wirkt sonst leicht wie ein ausgerollter Teppich. Dem Haus muss ein optisches Gewicht entgegengesetzt werden, damit das Verhältnis stimmt. Hier ein wuchtiges Haus, anschließend eine flache Grünfläche – und das Haus wirkt noch massiger.

Unterschiedliche Höhen können bereits vorhanden sein. Oder müssen geschaffen werden, z. B. mit Stufen zu einem tiefer gelegenen Sitzplatz. Hecken, Zäune, Rosenbögen, Bäume und Kletterpflanzen betonen die Vertikale. Kleine, flache Bereiche werden durch Hochbeete oder durch Pflanzen in verschiedener Höhe interessant.

Durch Unterteilung entsteht Größe. Die meisten von uns möchten, dass ihr Garten größer wirkt. Wer hat schon einen Park? Wenn man nun versucht, den Garten durch eine möglichst große Rasenfläche größer wirken zu lassen, erreicht man genau das Gegenteil. So unglaublich das auch klingt. Das Auge wird durch nichts aufgehalten und beschäftigt. Es überblickt sofort die ganze Fläche. Das Gehirn erfasst im Nu den gesamten Raum und hakt ihn ab. Es gibt nichts Verborgenes, nichts Geheimnisvolles und Verwunschenes. Der Garten wirkt klein.

Selbst auf der kleinsten Fläche kann so gepflanzt werden, dass es irgendwo eine kleine Überraschung gibt. Und wenn es nur ein Strauch ist oder ein Spalier an der Seitenwand.

Apropos Park. Wenn Sie einen Garten in zumindest parkähnlichen Ausmaßen haben, brauchen Sie ihn nicht noch größer erscheinen zu lassen. Auch hier gilt das gleiche Prinzip: Durch die Aufteilung in Räume wirkt er interessanter.

Eine lockere, transparente Unterteilung durch höhere Pflanzen kann Wunder vollbringen. Sie verlangsamt den Blick, ohne ihn auszusperren.

»Handtuchgärten« gibt es viele. Sie müssen aber nicht so aussehen. Ein langer, schmaler Garten wirkt ausgewogener, wenn er durch geschickte Gestaltung optisch verkürzt und nicht noch künstlich verlängert wird (siehe Seite 16/17).

Selbst in dem kleinsten Garten kann mit der Perspektive gearbeitet werden. Und gerade dort kann sie Wunder vollbringen. Es ist erstaunlich, wie sich das Auge täuschen lässt. Wie oft habe ich gehört: »So klein ist Ihr Garten doch gar nicht. Da hinten geht es doch noch weiter.« Ja, schön wäre es.

Die Größe des Gartens spielt eine große Rolle. Eine noch größere Rolle aber spielt die Form. Schmale Rabatten oder Beete mit kleinen Blättern und winzigen Blüten hinterlassen in einem großen Garten keinen Eindruck und wirken verloren. Das Gleiche gilt für schmale, kurze Wege oder ein einsames Stühlchen. In einem kleinen Garten sind sie jedoch ideal.

Auf die Proportionen kommt es an. Was in dem einen Garten angemessen ist, kann in einem anderen lächerlich wirken. Räume, die man durchwandern kann? Das geht nur in einem großen Garten.

Nicht dominant und erdrückend, sondern transparent wirkt diese Sitzgruppe in dem kleinen Garten.

Ein großer Garten wird hier geschickt in kleine Räume unterteilt.

Natursteine und Pflanzen wirken zusammen sehr harmonisch.

Viele Wege

führen nach Rom. Und mindestens einer durch den eigenen Garten. Jedenfalls meistens. Es sei denn, Sie betrachten die Rasenfläche als Zugang zu Beeten, Rosenstrauch oder Vogelhäuschen. Nur, wenn Sie nicht tagtäglich Ihre Laufrichtung ändern, wird sich ganz von allein zwar kein Weg, aber ein Trampelpfad bilden.

Warum also nicht gleich einen Weg einplanen? Wo steht geschrieben, dass ich ihn nie verlassen darf? Große Trittsteine sehen nicht nur besser aus als ein plattgetretener Rasen. Spätestens bei einem aufgeweichten Boden werden Sie das zu schätzen wissen.

Wege führen in der Regel irgendwo hin. Von der Hintertür zum Sitzplatz – vom Wasseranschluss zum Blumenbeet. Das Ziel muss sich lohnen und darf sich nicht als Fata Morgana entpuppen. Selten wird der Weg das Ziel sein. Wie schade.

Einfach und natürlich wirkt ein Weg aus grobem Splitt oder Rindenmulch.

Das Verlegen von Pflastersteinen ist ordentliche Knochenarbeit.

Hier haben sich die Pflanzen schon den Weg erobert.

Der erste Weg führt meist vom Eingang zur Haustür. Er sollte zum Stil des Hauses passen, farblich und auch im Material. Vor allen Dingen muss er sicher sein. Er darf im Winter nicht zur Schlittschuhbahn werden. Oft ist ein teureres Material auf lange Sicht die preiswerteste Lösung. Im Garten muss ein Weg nicht gleich einen endgültigen Belag haben. Rindenmulch ist eine gute Interimslösung, bis man wieder etwas flüssiger ist.

Natursteine wirken in Verbindung mit Pflanzen am natürlichsten. Besonders, wenn der Stein aus Ihrer Gegend kommt. Ein Taunusquarzit ist gegebenenfalls angebrachter als ein Marmor aus Italien. In unserem naturbelassenen Garten dürfen sich die Pflanzen ruhig über den Weg ausbreiten. Das wirkt sehr hübsch und ungezwungen. Nicht zulassen wird man es in einem formalen Garten. Hier ist eine klare Linie erwünscht.

Sitzplätze und Terrassen

werden in keinem Garten fehlen. So unterschiedlich die Menschen sind, so unterschiedlich werden die Wünsche sein. Die einen möchten die Sonne genießen, andere sitzen lieber im Schatten. Ob man nun die große Familie zur Kuchenschlacht einlädt oder ganz für sich allein den Abend ausklingen lässt – der Platz wird ein anderer sein.

Töpfe geben dieser noch jungen Terrasse bereits Flair.

Ruhig und geschützt sollte jeder Platz zum Relaxen sein. Geschützt vor Winden, aber auch vor neugierigen Blicken. Oder möchten Sie Ihr Schnitzel auf dem Präsentierteller verzehren? So wird der Vorgarten für einen intimeren Sitzplatz kaum in Frage kommen. Eine Bank an der Hauswand kann allerdings sehr dekorativ und einladend sein.

Bei der Planung einer Terrasse oder eines Sitzplatzes mit Steinboden sollte man sich gut überlegen, was man möchte. Ein Sonnenanbeter wird sich nur auf der Südseite wohl fühlen. Ein »Spätheimkehrer« wird einen Platz wählen, der noch am Abend heimelig ist, vor einer Mauer, die die Wärme gespeichert hat, von hellen Blüten und Duft umgeben. Ein Essplatz wird nahe dem Haus sein und kaum neben dem Kompost.

Eine Sitzgruppe darf nie den Garten erschlagen. Die Proportionen müssen stimmen. Auch die Gartenmöbel sollten nicht zu dominant sein und mit den Pflanzen harmonieren. Zu einem Garten in ländlicher Umgebung passen stabile Holzmöbel unter einer weinumrankten Pergola einfach besser als futuristische Designerstühle unter einer gestreiften Markise.

Ein Mußestündchen unter dem Sonnenschirm oder Pavillon – ganz nach Belieben.

Intime Lösung – hier lässt es sich ungestört plaudern.

Sie möchten sich nicht so festlegen? Und sich je nach Stimmung ein Plätzchen für Ihre Verschnaufpause aussuchen? Der variable Sitzplatz ist oft die schönste Lösung. Wichtig ist nur, dass Stühle und Tisch nicht zu schwer sind und wetterfest.

TIPP

Übrigens: Machen Sie Fotos. Es ist äußerst interessant, nach Jahren sein Erstlingswerk zu betrachten. Und amüsant. Und machen Sie sich Notizen, sie erleichtern später vieles. Es ist unglaublich, wie schnell man Dinge vergisst.

Gartengestaltung

Der Reihenhausgarten – ganz individuell

Ein Reihenhausgarten braucht kein langweiliges »Handtuch« zu sein. Es liegt nur an Ihnen, ein ganz persönliches Kleinod daraus zu machen. Unsere Vorschläge sind als Anregung gedacht, Ihre Fantasie zu beflügeln und Ihre Planung zu erleichtern. Es wurde bewusst für alle drei Gestaltungen derselbe Grundriss (12,5 x 3,5 m) gewählt, um die verschiedenen Möglichkeiten zu veranschaulichen, die selbst eine so kleine Fläche bietet. Mit Raumaufteilung, Perspektive und Farben können Sie aus einem kleinen, schmalen Streifen zwar keinen Park machen, aber durch optische Vergrößerung eben einen Garten.

Pflanzen einfach wahllos zu kombinieren ergibt noch keinen Garten. **Die Farbe** spielt eine nicht zu unterschätzende Rolle. Sie kann den Garten optisch vergrößern oder auch kleiner, kürzer oder länger wirken lassen. Weiß, Blau und Rosa erhöhen die Raumtiefe, besonders aber Dunkelblau und Violett; Flächen in diesen Farben werden als weit entfernt empfunden. Rot, Orange und Gelb dagegen treten in den Vordergrund, sie verkleinern.

In kleinen Gärten ist es besonders wichtig, Pflanzen auszuwählen, die mehr bieten als nur attraktive Blüten. Eine Forsythie ist im Frühling ein leuchtend gelbes Spektakel. Aber danach? Für einen kleinen Garten nicht schön genug.

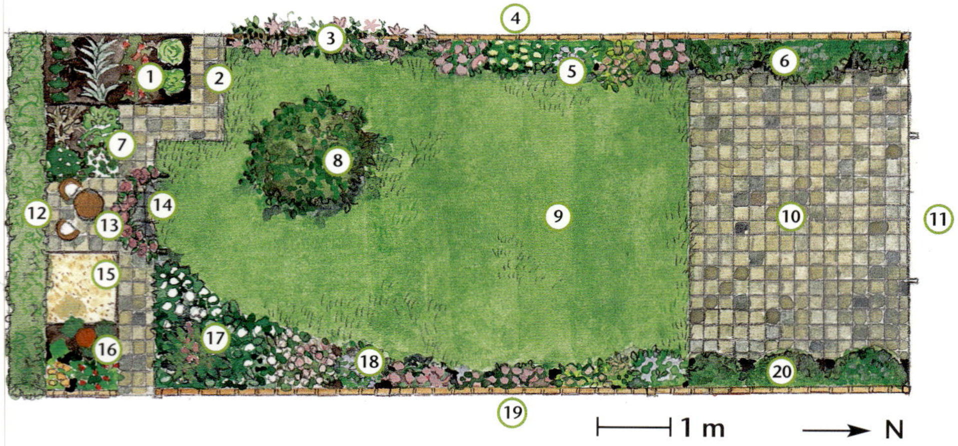

1. Gemüse
2. gepflasterter Weg
3. Kletterpflanzen
4. Zaun
5. Blumenbeet (helle Blüten)
6. hohe Sträucher (Sichtschutz)
7. Kräuterbeet
8. Obstbaum
9. robuster Rasen
10. Terrasse
11. Haus
12. Hecke
13. Sitzplatz
14. Rosenbogen
15. Sandkasten
16. Kinderbeet
17. Schmetterlingsstrauch
18. Rabatte mit Sträuchern (helle Blüten)
19. Zaun
20. hohe Sträucher (Sichtschutz)

Für eine Familie

mit kleinen Kindern ist die erste Variante gedacht. Auf der recht großen Terrasse (12 m²) findet das sommerliche Leben statt. Der Spiel- und Freizeitrasen ist robust. Er muss einiges vertragen können. Ein kleinwüchsiger »Hausbaum« sorgt für Höhe, Blüten und Früchte; Äpfel oder Kirschen sind leichter zu kultivieren als z. B. Aprikosen. Durch den Rosenbogen kommt man in den Spiel- und Nutzgarten. Gemüse- und Kräuterbeet, Sandkasten und Kinderbeet sind mit Platten eingefasst. In der Mitte ist Platz für einen Stuhl oder einen kleinen Tisch. Vor dem Kinderbeet (achten Sie auf ungiftige Pflanzen!) wächst ein Schmetterlingsstrauch. Hohe Sträucher zu beiden Seiten der Terrasse, nach Möglichkeit immergrün, ergeben eine intimere Atmosphäre. Helle Blüten vergrößern das kleine Paradies.

Ein jüngeres berufstätiges Paar ohne Kinder wird wenig Zeit haben. Statt wieder zu arbeiten, möchte es seine kleine grüne Oase genießen und den Abend ausklingen lassen oder Freunde bewirten. In der formalen zweiten Gestaltung habe ich ganz auf Rasen verzichtet. Weiße Kiesel geben einen schönen Kontrast zu der immergrünen Kirschlorbeer-Hecke. Ein Teich (Durchmesser und Höhe 60 cm!) unterbricht die Länge des Gartens. Eine Kugelrobinie könnte auch an seiner Stelle stehen. Vier Kugelbuchse in stabilen Terrakotta-Töpfen bleiben im Winter draußen. Rhododendron, japanischer Ahorn 'Dissectum', Hosta, Christrosen, Farne, Gräser, Immergrün und helle Blüten von Zwiebelblumen verleihen dem Garten Ruhe und Eleganz. Die Rabatten können gleich oder verschieden angelegt werden. Je weniger unterschiedliche Pflanzen, desto leichter die Pflege.

Im Ruhestand hat man mehr Zeit, aber meist weniger Kraft. Vielleicht ist man auch viel auf Reisen. Der Garten darf nicht zu viel Arbeit machen (dritte Variante). Er muss auch einmal allein bleiben können. Eine runde Mitte, mit einer Sonnenuhr oder Amphore als Blickpunkt, umgeben von einer schmalen Rabatte, kann durch vier Kugel-Robinien an Höhe gewinnen. Der Hartriegel 'Sibirica' ist auch im Winter interessant.

1. Kirschlorbeerhecke, als Bogen geschnitten
2. Gräser
3. Fächer-Ahorn
4. Farne
5. Schnitthecke
6. Zwiebelblumen
7. Hosta
8. Christrose
9. kleine Sitzgruppe
10. Buchskugeln in Töpfen
11. Bank
12. weiße Kiesel als Bodenbelag
13. Teich mit 60 cm Durchmesser und Höhe
14. Rhododendron
15. Haus

1. Hartriegel 'Sibirica'
2. Kugel-Robinien
3. Hecke, ca. 50 cm hoch
4. Bodendecker zwischen den Steinen
5. Buchskugeln
6. kleine Sträucher
7. gepflasterter Weg
8. Sträucher
9. Haus
10. Rasen
11. Stauden
12. Amphore oder Sonnenuhr mit Stauden oder Lavendel umwachsen
13. Sitzplatz
14. Kräuter oder Blumen

Größere Gärten gestalten – leicht und schwer zugleich

Leicht ist es, in der Fülle der Möglichkeiten zu schwelgen, schwer, sich zu entscheiden. »Im Anfang war die Tat«, sagte zwar Goethe. Hier aber sollte unbedingt vorher die Überlegung kommen. Was ist »ein größerer Garten«? 100 m², 500 m² oder 5 000 m²? Es sind alles größere Gärten. Hatte ich bisher nur einen Balkon, sind 100 m² riesig.

Kaum jemand übernimmt ein völlig leeres Grundstück, selbst bei einem Neubau nicht. Irgendetwas ist immer da und muss integriert werden. Oft ist es ein alter Baum. So hat man schon etwas, woran man sich »festhalten« kann. Was stellt man sich vor? Lassen sich diese Wünsche finanziell verwirklichen? Oder muss man erst einmal Abstriche machen? Vieles lässt sich auf später vertagen, wenn das Grundgerüst steht – und stimmt. Wenn jedoch die klimatischen Voraussetzungen für meine Wünsche nicht gegeben sind, ist es leichter, die Wünsche als den Standort oder das Wetter zu ändern.

Geben Sie Ihrem Garten ein Thema: romantisch oder streng, südliches Flair oder Bauerngarten mit Obstbäumen, ein bestimmtes Farbkonzept, usw. Dadurch legen Sie sich eine Beschränkung auf und erleichtern sich die Entscheidung erheblich.

Eine Raumaufteilung ist bei größeren Gärten besonders wichtig (siehe Seite 12 f.). Der Garten wirkt dadurch interessanter, intimer – und unterschiedliche Wünsche lassen sich leichter verwirklichen. Wenigstens einen »Hausbaum« sollten Sie sich gönnen. Größere Gärten wirken nicht ohne Bäume. Aber Vorsicht! Informieren Sie sich gut über die Höhen. Ein jetzt gepflanzter kleiner Baum kann in fünf Jahren den halben und in zehn Jahren den ganzen Garten beherrschen. In unserer Nachbarstraße steht ein Mammutbaum, auch noch die größte Art! Im Vorgarten! Auch für eine Herkulesstaude (Blattdurchmesser über 1 m) muss der Garten schon riesig sein.

Nach diesen Überlegungen kommt der Plan. Danach wird das »Gerüst« gebaut: Wege, Mauern, Formen von Beeten. Zuerst wird der Hintergrund gebildet. Die Größe der Bäume und Sträucher richtet sich nach der Größe des Gartens. Kletterpflanzen zieren Bäume, Mauern, Zäune. Kleinere Bäume, Sträucher und Stauden werden davor gesetzt. Man arbeitet sich sozusagen von hinten nach vorne vor.

Ein romantischer Garten ist eine Möglichkeit. Dieser ist 15 m lang und 22 m breit. 330 m² sind schon groß genug, um verschiedene Wünsche unterzubringen. Von einer höher gelegenen Terrasse kommt man über eine Treppe in den Garten. Der vordere Teil ist recht sonnig. Deswegen habe ich hier einen größeren Sitzplatz vorgesehen, dessen Rondell in einem hübschen Muster gepflastert ist. Im Winter hat hier ein Vogelhaus Platz. Das Rondellmotiv wiederholt sich als Rosenbeet und als Bank, die rund um den Stamm eines alten Baumes führt. Durch einen großen Bogen, der mit Rosen und Geißblatt überzogen ist, gelangt man in den hinteren Gartenteil. Dieser ist etwas schattiger. Vor der Hecke ist ein auch im Winter attraktiver Teil mit Moorbeetpflanzen angelegt. Ein kleiner Teich lädt zum Verweilen ein, besonders im Frühling und Herbst. Die linke Nachbarbegrenzung ist hier eine Mauer, bewachsen mit einer Kletter-Hortensie. Das Spalierobst ist vom Sitzplatz aus fast zum Greifen nahe.

Der Bereich um den Sitzplatz ist den Duftpflanzen vorbehalten. Die rechte Begrenzung ist ein Zaun, berankt mit Rosen. Ein schmales Kräuterbeet geht in eine Sommerrabatte über, die von einem Hibiskus begrenzt wird. Zwei Beerensträucher schließen sich an. Obstbaum, Zierkirsche, Hartriegel und der Bogen bilden »die Höhe«.

1. Eibenhecke
2. Hartriegel
3. Rhododendron
4. Farn
5. Stern-Magnolie
6. Fächerahorn
7. Flieder
8. Gartenhäuschen (oder Kompostplatz)
9. hohe Stauden
10. Hosta
11. Frühlingsblüher
12. Azaleen
13. Moorbeetpflanzen
14. Herbstblüher
15. Bodendecker
16. Gartenteich
17. Sitzplatz am Teich
18. Hortensiengruppe
19. Pfingstrosen
20. Gräser
21. Gartenweg mit Trittsteinen
22. robuster Rasen
23. Beerenobst
24. Apfelbaum, in den eine Ramblerrose wächst, am Stamm mit Rundbank
25. Hibiskus
26. Spalierobst
27. Zierkirsche
28. Rosen-Rondell mit Stammrose in der Mitte
29. Sommerblumenrabatte
30. Ramblerrose
31. Sitzplatz
32. Einfassung mit Lavendel
33. Duftpflanzen
34. Pfeifenstrauch
35. Alte Rosen
36. Kräuterbeet
37. Töpfe mit Buchs
38. Terrasse zum Haus

Ältere Gärten umgestalten – eine Renovierung

Ein alter Garten wurde mit dem Kauf übernommen, meist verwahrlost. Selten wird es so sein wie bei uns: Wir haben den Garten gekauft, trotz des Hauses; verwahrlost war er allerdings auch. Oder der eigene Garten ist über sich hinausgewachsen – oft durch Fehlplanung. Oder die Familiensituation hat sich geändert – die Kinder sind aus dem Haus. Oder man hat einfach einen wirklich schönen Garten gesehen und der eigene Garten gefällt nicht mehr. Man ist aus seinem »Paradies« vertrieben. Der Wunsch nach etwas Neuem ist übermächtig.

Die **Zeit** als **4. Dimension** ist bei einer Planung so wichtig. Und wird so wenig beachtet. Sonst wären nicht so viele Umgestaltungen nötig. All die großen Tannen in den Vorgärten, gepflanzt als kleines Bäumchen nach Weihnachten! Gärten verändern sich im Laufe der Jahre, das macht ihren Reiz aus, die Pflege aber schwierig. Hinzu kommt, dass man das einmal erschaffene Bild so erhalten will. Wenn das so ist, sollte man sich wirklich lieber ein Bild kaufen.

Mit der Zeit ändern sich auch die **Lichtverhältnisse** im Garten. Die Bäume werden größer, ein anfangs sonniger Bereich ist plötzlich schattig. Nachbars Bäume nehmen inzwischen so viel Licht weg, dass der Rasen nicht mehr gedeiht. Schatten liebende Bodendecker schaffen hier Abhilfe. Oder eine große Tanne direkt an der Grundstücksgrenze wird gefällt. »Endlich«, denken wir – nur, plötzlich ist der Blick frei, und die Stelle ist viel sonniger. Auch die Nachbargärten muss man mit einbeziehen. Und die Änderungen dort hat man selten in der Hand. Man kann nur darauf reagieren. Ein Grund zum Resignieren ist das nicht.

Eine Lösung gibt es immer. Gehen Sie behutsam vor. Auch Pflanzen sind Lebewesen. Mir hat in unserem Garten längst nicht alles gefallen. Aber die Bäume haben ältere Rechte als ich. Zu Axt und Bagger sollte man nur im Notfall greifen. Ein Rückschnitt allein wirkt schon Wunder. Der allerdings ist Sache von Fachleuten. Ein Baum muss artgerecht geschnitten werden. Eine Zeder muss danach noch aussehen wie eine Zeder und eine Birke wie eine Birke – und nicht amputiert. Alte Bäume lassen sich »aufasten«, das heißt, die unteren Zweige werden entfernt. Das wirkt leichter und lichter. Und macht eine Unterpflanzung möglich.

Alte Obstbäume, aber auch Zierapfel und Zierkirsche lassen sich durch Ramblerrosen aufwerten. Diese »zweite Baumblüte« sieht zauberhaft aus. Nur wenn ein Baum »abgängig« ist, seine Altersgrenze überschritten hat, fast nur noch aus toten Ästen besteht und zur Gefahr wird, dann muss er gefällt werden.

Auch Akzente wirken Wunder. Eine Pergola, ein Rosenbogen, eine neue Rabatte oder auch nur eine neue Form. Ein immer feuchter Platz muss kein Ärgernis

1. Haus
2. schmales Beet
3. Zaun
4. Sträucher und Sommerblumen
5. Apfelbaum
6. Samt-Hortensie
7. Zugang zum Haus
8. Pergola des Nachbarn
9. Eibe, ungeschnitten
10. Sträucher
11. Straße

sein. Warum krampfhaft versuchen, ihn trocken zu kriegen? Manch einer wäre froh, solch ideale Bedingungen für seinen Teich mit Sumpfzone gratis zu haben.

Vorher: Trostlos und leer

wirkte dieser Garten vor seiner Umgestaltung. 20 m lang und 10 m breit, also 200 m², und so wenig attraktiv und gar nicht genutzt. Völlig einsehbar von der Straße, ohne jegliche Abschirmung. Eine völlig aus der Form geratene, riesige Eibe, zwei Sträucher zur Straßenseite, ein Apfelbaum und eine Samthortensie, die nicht zur Geltung kam, waren außer einigen kleinen Sträuchern und wahllos zusammengesetzten Sommerblumen eigentlich alles. Die Seite zum Nachbarn war ein Ärgernis. Ein halbhoher, undurchsichtiger Zaun und die dunkelbraune Rückseite einer Pergola. Schade um den sehr sonnigen Garten. Er muss Vorgarten und Garten in einem sein. Kein leichtes Unterfangen, da eine komplette Neugestaltung nicht in Frage kam – aus finanziellen und aus nostalgischen Gründen.

Nachher: Durch Raumaufteilung

eine Privatsphäre zu schaffen, von der Straßenseite und auch vom Weg aus interessant und schön zu sein, die Länge optisch zu verkürzen, die Leere zu nehmen und aus der Fläche durch Höhe einen Garten zu machen – das war hier die vordringliche Aufgabe.

Zuerst wurde die Form verändert. Die **geschwungenen Linien** wirken weicher. Die große Eibe, akkurat i**n Form geschnitten**, sieht wieder wunderschön aus. Der Apfelbaum, umpflanzt mit Frühlingsblühern wie Scilla, bietet um diese Jahreszeit einen hübschen Anblick. Die Scilla dürfen ruhig verwildern. Wenn Sie es nicht so machen wie ich anfangs, indem Sie das vermeintliche »Unkraut«, die wie dünner Schnittlauch aussehenden Sämlinge, fein säuberlich entfernen. Nur weil es bei mir eben doch nicht so säuberlich war, habe ich gemerkt, was ich da angerichtet hatte. Eine **Ramblerrose** sorgt für Leben im Apfelbaum, bis die Früchte reifen. Die Nachbarseite wird mit der Zeit durch Efeu und Geißblatt »verschwinden«.

Zwei Kugel-Robinien geben **Höhe** und **unterbrechen die Sicht** zum hinteren Teil. Ein **Rosenbogen,** umrankt von einer Kletterrose, teilt die beiden Bereiche endgültig. Das kleine **Gartenhaus** mit Öffnung zum Hausgarten schirmt die hässliche Nachbarseite ab. Es ist von Fremden nicht einsehbar. Ein **ruhiges Plätzchen** für Mußestunden – umrankt von der Rose. Ein Flieder umweht mit seinem Duft das Haus. Eine Sternmagnolie und eventuell eine Strauchpäonie geben Frühlings- und Frühsommeraspekte. Die vorhandene Samt-Hortensie teilt den Teil aus Alten Rosen und Strauch- oder Bodendeckerrosen und der »Jahreszeiten-Rabatte«, die mit den Frühlingsblühern und Christrosen am Eingang endet. Die ummauerte Vorderfront wird durch zwei Blüten-

1. Haus
2. Weigelie
3. Alte Rosen
4. Flieder
5. Staudenbeet
6. Stern-Magnolie
7. Apfelbaum
8. Strauch- und Bodendeckerrosen
9. Samt-Hortensie
10. Pergola mit Rosen und Clematis
11. Rosenbogen
12. Pergola des Nachbarn
13. Jahreszeitenrabatte (Blühschwerpunkt Sommer)
14. Eibe, exakt in Form geschnitten
15. Kugel-Robinie
16. Strauch-Päonie
17. Herbst-Anemone
18. Pfeifensträucher
19. Bodendecker
20. Jahreszeitenrabatte (Frühling)
21. Christrose
22. Straße

sträucher für Passanten genauso interessant wie für den Eigentümer.

Das **Ergebnis** ist ein formal aufgelockerter, ganzjährig attraktiver Garten, der »lebt«.

Beete und Rabatten

Das Anlegen ist nicht schwer. Die Schönheit kommt mit der Zeit.

Ausgesprochen harmonisch wirkt diese Gestaltung mit ihrem klaren Höhepunkt.

Die Form ist nicht entscheidend. Ob ein **Beet** schmal oder breit ist, rund oder länglich, darauf kommt es nicht an. Wichtig ist die Höhe. Das klassische Beet ist zweidimensional. Eine Höhenstaffelung fehlt. Auch ein Hochstamm macht aus einem Rosenbeet mit zwanzig 'Bonica '82' noch keine Rabatte.

Eine **Rabatte** ist ein besonderes Beet. Sie wirkt lockerer und vielseitiger. Aus Blüten, Blattformen, Wuchs und Größen der verschiedenen Pflanzengruppen ergibt sich ein harmonisches Gesamtbild. Die unterschiedlichen Höhen spielen dabei eine wesentliche Rolle. Rabatten sind dreidimensional.

Ob klassisches Beet oder Rabatte, Fantasie und Kreativität sind gefordert. Toben Sie sich ruhig aus. Es ist noch kein Meister vom Himmel gefallen. Rabatten wie Beete leben von der Veränderung. Etwas dürfen Sie jedoch nicht vergessen: Keine Pflanze kann über zwölf Monate einen Höhepunkt darstellen. Ihr Stellenwert verändert sich im Laufe des Jahres. Mal ist sie Hauptdarsteller und glanzvoller Mittelpunkt auf der Bühne – wie die Bourbonrose 'Louise Odier' im Hochsommer. Danach hat sie eine Nebenrolle – sie blüht immer wieder, aber nicht so üppig. Schließlich ist sie Statist – hat nur noch Laub und später ihre Zweige. Ein kahler, gut geschnittener Rosenstrauch kann durchaus sehr reizvoll aussehen. Stauden wie das Tränende Herz treten nach der Blüte ganz von der Bühne des Gartens ab, sie ziehen ein. Eine schöne Rabatte hat das ganze Jahr über etwas zu bieten. Bei einem klassischen Beet ist das viel schwieriger.

Rasenkanten erleichtern das Mähen ganz erheblich.

Eine klare Trennung der Beete gelingt auch durch Einfassung mit Buchs.

Eine echte Rabatte zeigt sich durch die dreidimensionale Wirkung – die Wuchshöhe spielt eine entscheidende Rolle.

Beetformen

Von schlicht bis raffiniert – alles ist möglich. Erlaubt ist, was gefällt. Ohne Wenn und Aber? Nicht ganz. Denn die Proportionen müssen stimmen. Ein winziges Beet in einem großen Garten sieht genauso seltsam aus wie ein riesiges in einem kleinen.

Für mehrere runde Inselbeete muss die Rasenfläche sehr groß sein.

Wenn Sie die Wunschform nach Geschmack und Möglichkeiten festgelegt haben und auch ihren Platz, markieren Sie den vorgesehenen Umriss mit Sand oder dem Gartenschlauch. Und betrachten Sie sich das Ganze auch vom Fenster aus. Jetzt sind Änderungen noch leicht. Spielen Sie ruhig ein bisschen.

Eine Einfassung der Rabatte mit Steinen erleichtert das Mähen der Rasenkanten ganz wesentlich.

Zu den Grenzen oder Mauern hin ansteigende Beete oder Rabatten vermitteln den Eindruck von Weite. Der Garten wirkt dadurch größer, entweder breiter oder länger. Man kann damit sehr viel erreichen. Diese optische Täuschung hat einen weiteren Vorteil: Die Pflanzfläche ist größer, und zwar tatsächlich. Dadurch ergeben sich neue Möglichkeiten, die eine oder andere Pflanze findet noch Platz, auf die man sonst hätte verzichten müssen.

Eine sauber geschnittene Buchseinfassung hält ausladendere Stauden in Schach.

Eine zu jeder Jahreszeit interessant wirkende Rabatte macht Arbeit. Ob viel oder wenig, das hängt von der Gestaltung ab. Erleichtern Sie sich die Arbeit, indem Sie die Beete begehbar machen. Sie müssen bequem an die Pflanzen heran(und wieder zurück)kommen können. Kleine Wege, locker verteilte Trittsteine, ein Bodendecker, der widerstandsfähig ist – und zu Ihrer Sicherheit auch hier und da eine Metallstange, einfach zum Festhalten. Ein ständig platt getretenes Beet ist bestimmt keine Augenweide.

TIPP

Ein Hochbeet ist ein leichtes Beet. In vielerlei Hinsicht. Man kann es für eine bestimmte Pflanzengruppe reservieren, die einen besonderen Boden braucht. Und: Ein Hochbeet ist rückenfreundlich. Und es lässt sich sogar vom Rollstuhl aus genießen und vielleicht sogar bearbeiten.

▼ **In der Natur** blühen viele Pflanzen weiß, ob Gänseblümchen, Holunder oder unsere Obstbäume. Der natürlichste Garten ist ein weißer. Er erfordert die wenigsten Kompromisse. Will man sich auf nur eine Farbe beschränken, ist es mit Weiß am leichtesten. Weiß hellt auf, macht dunkle Teile sichtbar. Weiße Blüten, von grauem Laub umgeben, wirken strahlend weiß.

◄ **Einfarbig** reicht von den unterschiedlichen Abstufungen einer Farbe bis zu einer Kombination benachbarter Farben wie Rotviolett, Violett, Blauviolett und Blau. Eine solche Zusammenstellung wirkt beruhigend. Dunkle Töne verkleinern, lassen zurücktreten und haben etwas Geheimnisvolles. Bei trübem Wetter verlieren sie sich. Sie »verschwinden« und wirken sich auch auf unsere Stimmung aus.

Farben und das Spiel mit ihnen machen neben der Raumgestaltung aus einem Allerweltsgarten einen besonders schönen. Farben können zum Werkzeug werden, den Garten kürzer und breiter oder länger und schmaler erscheinen zu lassen. Eine Gestaltung in harmonischen Farben ist für die endgültige Wirkung eines Gartens vielleicht wichtiger, als Sie denken. Auf jeden Fall ist weniger mehr. Selbst ein bunter Bauerngarten sollte nicht kunterbunt sein. Und was harmoniert? Eine rosa blühende Zierkirsche mit einem gelb gestrichenen Haus wohl kaum.

► **Grüne Töne** sind in jedem Garten vorhanden, und zwar in den unterschiedlichsten Nuancen. Schade, dass sie meist keine Rolle spielen. Sie verdienen mehr Aufmerksamkeit. Selbst ein grüner Garten, mit Gräsern, Farnen und der Vielfalt an Blattformen und -farben, hat seine Reize und wirkt ausgesprochen beruhigend auf unsere Augen.

▲ **Kontraste** müssen bewusst eingesetzt werden. Pflanzt man Farben wie Gelb und Violett zusammen, wirken sie noch leuchtender. Während zarte Töne besonders reizvoll bei bewölktem Himmel sind, kommen starke Farben wie reines Rot und lebhaftes Gelb im grellen Sonnenschein zu ihrem Recht. Sie »schreien« direkt um Aufmerksamkeit.

Ganz in Weiß und Grün – einfach zum Nachmachen

Als eine Insel im Rasen oder auch als Mittelpunkt des Vorgartens zwischen Steinen – dieses Beet ist vielseitig verwendbar. Das Thema ist »Weiß«. Genausogut können Sie aber auch rosafarbene Sorten wählen. Oder Weiß, Rosa und Violett mischen. Erlaubt ist, was gefällt.

Alle verwendeten Pflanzen möchten gerne Sonne haben. Deshalb kommt eine Süd-West-Lage in Frage. Wir haben darauf geachtet, dass zu jeder Jahreszeit etwas blüht. Selbst bei einem so kleinen Beet ist das nicht unmöglich. Da man im Winter mit Blühendem nicht so verwöhnt wird, genießt man das Wenige mehr. Auch der Duft spielt bei dieser Gestaltung eine Rolle.

Durch die dichte Bepflanzung wird sich das Thema Unkraut nicht einstellen. Es hat keinen Platz. Die Randpflanzen dürfen ruhig überhängen. Das gibt ein natürliches Bild. Wem dies zu locker ist, der kann eine niedrige Buchshecke als Begrenzung verwenden. Die beiden Trittsteine sind nicht unbedingt nötig, aber hilfreich. Gepflanzt wird im Herbst, jedenfalls das, was Sie dann bekommen.

Viele sind enttäuscht, wenn sie eine solche Neubepflanzung sehen. Ich kann das gut verstehen. Haben Sie etwas Geduld. Die kahlen Stellen werden schon in zwei Jahren nicht mehr zu sehen sein. Im ersten Jahr lassen sich zur Überbrückung einjährige Pflanzen wie Duftsteinrich integrieren.

Die ovale Form hat eine Länge von 2 m und in der Mitte eine Breite von 1,50 m. Spielen Sie ruhig ein bisschen mit Länge oder Breite. Auch rund ist möglich.

① **1 × Hochstammrose 'Schneewittchen', ca. 1,40 m**

② **1 × Lavendel *(Lavandula angustifolia* 'Nana Alba')**

③ **1 × Gedenkemein *(Omphalodes verna)*, weiß**

④ **2 × 6 Narzissen, z. B. 'Polar Ice' oder 'Sinopel'**

⑤ **1 × Herbst-Anemone *(Anemone japonica)*, weiß**

⑥ **2 × 20 Schneeglöckchen *(Galanthus nivalis)***

⑦ **2 × Gefleckte Taubnessel *(Lamium maculatum* 'Album')**

⑧ **1 × Tränendes Herz *(Dicentra spectabilis* 'Alba')**

⑨ **4 × Herbstzeitlose *(Colchicum autumnale* 'Alboplenum')**

⑩ **4 × Immergrün *(Vinca minor)*, weiß**

⑪ **2 × Christrose *(Helleborus niger)***

⑫ **2 × Levkoje *(Matthiola incana)*, weiß**

⑬ **1× Stauden-Phlox *(Phlox paniculata)*, weiß**

Das Pflanzen

ist ganz leicht und macht richtig Spaß. Aber nur, wenn der Boden gut vorbereitet ist. Es muss eine Wonne sein, ein Loch zu buddeln. Wer an einem steinharten Boden verzweifelt, ist mit seiner Lust und Kraft schnell am Ende. Und die Pflanzen sind es auch.

Lieber am Anfang etwas mehr Zeit und Mühe investieren. Es zahlt sich aus. Die Bodenvorbereitung gehört dazu (siehe Seite 36 f.). Und wählen Sie nur Pflanzen mit gleichen Standortansprüchen, also Licht-, Klima- und Bodenbedingungen. Sonst macht man sich das Leben nur unnötig schwer. Feuchtigkeits liebende Pflanzen fühlen sich auf trockenem Boden nicht wohl, und ein Lavendel wird in feuchter Erde nicht glücklich sein. Keine Rose wird im Schatten ihre volle Schönheit erreichen, und kein Farn wird in voller Sonne gedeihen. Außerdem würde auch der Farn nicht zu der Rose passen.

Pflanzen mit den gleichen Ansprüchen ergeben nicht nur ein harmonischeres Bild, sie machen auch das Gärtnern erheblich einfacher. Die Pflanzengruppen sollten miteinander harmonieren. Geben Sie Ihrem Beet am besten ein Motto. Ein Rosenbeet, ein Schattenbeet, ein Beet mit mediterranen Pflanzen oder eines in Rosa- und Mauve-Tönen.

Und nun wird gepflanzt:

1. **Die Pflanzen** stehen in Warteposition
2. **Markieren Sie sich** die richtigen Pflanzstellen gemäß Ihrem Pflanzplan. Noch sind Änderungen möglich.
3. **Mit Handschaufel** werden die Pflanzen in gleicher Höhe wie vorher im Topf eingepflanzt.
4. **Das Werk** ist vollbracht. Heben Sie sich die Schildchen auf, oft ist man später für die Art- und Sortennamen dankbar.

Gartenpflanzen

Vielfältig und so unterschiedlich wie Tag und Nacht

Vielfältige Pflanzengruppen und Wuchsformen machen einen Garten erst richtig schön.

Eines ist ihnen gemeinsam: Es sind Lebewesen, die leben wollen. Was aber die einen zu Hochform erblühen lässt, bringt andere in den Blumenhimmel. Pflanzen wollen und sollten artgerecht leben können. Eine einst kleine Birke, entzückend im Vorgarten, ist keine Birke mehr, wenn ihre obere Hälfte aus Platzmangel abgesägt wird. Woher aber soll man wissen, wie groß etwas wird? Wie viele Pflanzen man für 5 m² braucht? Fünf Birken bestimmt nicht.

Deshalb ist es wichtig zu wissen, welcher Gruppe eine Pflanze angehört. Das erleichtert die Gartenplanung, die Beschaffung, das Pflanzen und die Pflege. Einen Überblick bieten die folgenden Seiten, Näheres finden Sie ab Seite 80. Auch der Zeitpunkt, wann eine Pflanze zu kaufen ist, hängt von der Gruppe ab. Frühlingsblüher werden in der Regel im Herbst angeboten und müssen dann auch in die Erde. Sommerblumen sind meist erst nach den Eisheiligen verfügbar. Rosen lassen sich zu jeder Zeit pflanzen – nur nicht bei Frost.

Die unendliche Fülle der Gartenpflanzen ist verwirrend, besonders für den Anfänger. Es ist hilfreich, sich mit den botanischen Begriffen wie »Familie«, »Gattung«, »Art« und »Sorte« vertraut zu machen. Ein Beispiel: Zur **Familie** der Rosengewächse gehören neben den Rosen auch die Brombeeren. Das zu wissen hilft, sich vorzustellen, wie eine Ramblerrose wächst. Innerhalb der Familie der Rosengewächse sind sich die Pflanzen der **Gattung** *Rosa* schon sehr ähnlich. Mit der **Art** geht es aber weiter ins Detail. Die Alba-Rosen beispielsweise, *R. alba* – wenn klar ist, dass es sich um die Gattung *Rosa* handelt, wird abgekürzt »*R.*« –, sind Alte Rosen mit graugrünem Laub, edlen, herrlich duftenden Blüten an einem hohen, robusten, winterharten Strauch. Innerhalb der Art gibt es die Fülle der Sorten. *R. alba* 'Königin von Dänemark' z. B. ist eine **Sorte** mit dunkelrosa Blüten. (Andere Sorten der Alba-Rosen blühen weiß oder hellrosa.) Der Sortenname wird immer in einfache Anführungszeichen gesetzt. Mit *R. alba* 'Königin von Dänemark' wissen Sie, was Sie erwarten dürfen: eine wunderschöne Alte Rose, dunkelrosa mit herrlichem Duft. Bekommen Sie unter dieser genauen Bezeichnung etwas anderes, dann geben Sie es zurück.

▼ **Rosen** sind Ziersträucher, die wegen ihrer Blüten seit alters her als »Königin der Blumen« gelten. Aus den ursprünglichen Wildrosen wurden im Lauf der Jahrtausende viele Züchtungen entwickelt. Man unterscheidet im Wesentlichen: Alte Rosen (meist einmalblühend), öfterblühende (moderne) Strauchrosen, Edel- und Beetrosen, Bodendeckerrosen, Kletterrosen und Rambler. Näheres ab Seite 100.

◄ **Bäume und Sträucher** sind verholzende Pflanzen. **Bäume** haben einen ausgeprägten Stamm und eine Krone. Es gibt Laub- und Nadelbäume. Für unsere meist kleinen Gärten sind nur kleine Bäume geeignet. Besser geeignet sind dagegen **Sträucher.** Sie sind erheblich kleiner und bilden von der Basis aus mehrere Triebe. Näheres ab Seite 86.

Weniger ist oft mehr.

Jede Pflanzengruppe kann für sich wirken. Am richtigen Standort ist es am leichtesten. Eine Gestaltung mit verschiedenen Gruppen setzt einige Kenntnisse voraus. Es soll gekonnt aussehen, und ein bisschen Stolz ist auch mit im Spiel. Wir Menschen sind zuweilen eigenartig. Das Schwierige, das, was wir besonders päppeln müssen, was mehr Aufmerksamkeit braucht, wächst uns besonders ans Herz. Eigentlich ungerecht gegenüber den Standhaften und Pflegeleichten. Wie schön jedoch, wenn die Mühe belohnt wird.

► **Hecken** entstehen durch in eine Reihe gepflanzte Sträucher oder kleine Bäume. Notwendig oft als Abgrenzung oder Unterteilung, hervorragend als Hintergrund. Ob Laub abwerfend (Hainbuche) oder immergrün (Kirschlorbeer, Eibe), entscheidet die Situation. Gut sehen sie nur geschnitten aus. Naturnah wirkt eine freie Blütenhecke. Näheres ab Seite 82.

▲ **Kletterpflanzen** wollen hoch hinaus. Ihr Wachstum ist höhenbetont. Die einen klettern mit Hilfe von Haftwurzeln (Efeu), Ranken (Clematis) oder ganzen Tieben (Rosen) – die anderen, indem sie sich nach oben winden. Wie hier die Glyzine. Die meisten Kletterpflanzen verholzen. Näheres ab Seite 94.

◄ **Gräser und Farne** fasst man gern in einer Gruppe zusammen. Obwohl sie botanisch nichts miteinander zu tun haben. Gemeinsam haben beide ihren Zierwert als Grünpflanzen. Gräser bilden attraktive Horste, Farne reizvolle Wedel. Beide kommen eher für naturnahe Gestaltungen in Frage, weniger für formale Gärten. Näheres ab Seite 118.

▼ **Bodendeckende Pflanzen** wachsen in die Breite. Ihre Aufgabe ist es, den Boden so zu bedecken, dass Unkraut keine Chance hat. Aber auch Lücken zu füllen und Teile zu begrünen, die schwierig zu pflegen sind (Hanglagen). Zur Auswahl stehen »Immergrüne« wie Efeu und Stauden wie Taubnessel und Gedenkemein. Selbst Bodendeckerrosen eignen sich. Und mit einer vom Hang herabwachsenden Ramblerrose sind Sie mit einem Schlag diese Sorgen los. Näheres ab Seite 122.

▲ **Zwiebeln und Knollen** bringen Leben in den Garten. Es sind Stauden, die ihr Überleben durch Speicherung von Nährstoffen in ihren Zwiebeln, Knollen, auch verdickten Wurzelstücken sichern. Wie bei den Stauden zieht das Laub nach der Blüte ein. Sie speichern die Nährstoffe aus dem verwelkenden Laub, das deshalb nicht zu früh entfernt werden darf. Schneeglöckchen und Krokusse sind ganz easy. Näheres ab Seite 128.

▲ **Sommerblumen** bieten eine verschwenderische Blütenfülle in den leuchtendsten Farben. Doch nur einen Sommer lang, dann sterben sie ab und müssen neu aus Samen gezogen werden.

► **Stauden** sind krautig (verholzen also nicht) und leben länger als zwei Jahre (möchten sie jedenfalls). Ihr Laub zieht in der Regel nach der Blüte ein und treibt im nächsten Jahr neu aus. Es gibt aber auch Stauden, die ihr Laub den Winter über behalten, z. B. die Nieswurz. Näheres ab Seite 106.

Pflanzen in Töpfen

können zaubern. Leicht und schnell wird aus einer trostlosen Ecke ein Lichtblick. Als reizvolle »Lückenbüßer« in Rabatten, auf Treppenstufen, als Willkommensgruß zu beiden Seiten des Hauseingangs und natürlich auf Terrasse, Balkon und Fensterbank, kurz dort, wo keine Erde ist, sind sie unschlagbar.

Weiße Blüten wirken besonders harmonisch in Verbindung mit grauen Pflanzgefäßen.

Für Töpfe und andere Gefäße eignen sich eigentlich alle Pflanzen – wenn die Töpfe groß genug sind. Sogar Bäume. Meist nimmt man Gehölze oder Sommerblumen. Seltener Stauden. Obwohl eine Hosta z. B. ideal ist, dekorativ und easy zugleich. Denn sie kann ohne jeglichen Winterschutz draußen bleiben. Sie muss sogar dem Frost ausgesetzt werden, um zur Ruhe zu kommen.

Hier ist mit Freude und Liebe ein richtiger Topfgarten entstanden.

Die Überwinterung stellt oft das größte Problem dar. Das spricht für Sommerblumen. Sie quittieren im Herbst ihren Dienst, im nächsten Jahr gibt es neue. Südländische Gewächse wie Oleander müssen frostfrei überwintert werden. Pflanzen wie Rhododendron halten ausgepflanzt Minusgrade aus. Wenn im Topf dagegen die Wurzeln erfrieren, ist es zu spät. Auf der anderen Seite lässt sich in Töpfen eine besondere Erde bereitstellen, z. B. die notwendige leicht saure Erde für Rhododendren.

Alle Pflanzgefäße müssen ein Abzugsloch haben. Und eine Kiesschicht, durch die das Wasser ablaufen kann. Staunässe mag keine Pflanze. Und Sonnenkinder schon gar nicht. Pflanzen in Töpfen machen mehr Arbeit als ausgepflanzte. Ich weiß, wovon ich rede – bei über zweihundert Topfpflanzen.

TIPP

Bepflanzen lässt sich fast alles. Sogar ein Holzschuh oder ein alter Autoreifen. Das ist Geschmacksache. Zum Stil des Gartens sollten auch die Pflanzgefäße passen. Zu viel Materialmix ist nicht schön. Ob aus Terrakotta oder Holz oder glasiert wie chinesische Gefäße – bleiben Sie möglichst bei einer Art. Weniger ist, wie so oft, mehr. Das gilt auch für Accessoires.

Solch ein dominanter Blickfang wirkt am besten, wenn er von Pflanzen umspielt wird.

So geht's ganz leicht

Nur Mut, kein Meister fällt vom Himmel!
Lassen Sie sich ein auf das Abenteuer Garten.
Sie werden es nicht bereuen.

Gartengeräte

Mit ihnen fängt die Gartenpraxis richtig an

Ohne Geräte geht es im Garten nicht. Das Angebot ist riesig, und man kann ein Vermögen dafür ausgeben. Nur, nötig ist das nicht. Kaufen Sie lieber wenige Geräte, aber gute und stabile. Was nützt ein Spaten, dessen Stiel beim ersten Kraftakt auseinander bricht? Gute Artikel sind auf lange Sicht die preiswerteren. Und sie erleichtern die Gartenarbeit enorm.

Als **Grundausstattung,** um erst einmal loslegen zu können, schlage ich sechs Geräte vor. Sie werden auf jeden Fall gebraucht:

- Spaten zum Graben
- Grabegabel mit 2 Zinken (»Rosengabel«) zur Bodenbearbeitung innerhalb von Pflanzungen. Leichter zu handhaben als ein Spaten bei stark verfestigten Böden, trotzt Steinen und Wurzeln.
- Handschaufel für kleine Löcher
- Gartenschere für kleinere Schnittarbeiten, größere werden bei einer Neuanlage noch nicht fällig sein.
- Gießkanne
- Handschuhe zum Schutz Ihrer Hände.

Langsam können Sie dann aufstocken. Die Zeit wird zeigen, was Sie sonst noch brauchen.

Gartengeräte sind nicht nur nützlich, sondern können auch sehr dekorativ sein.

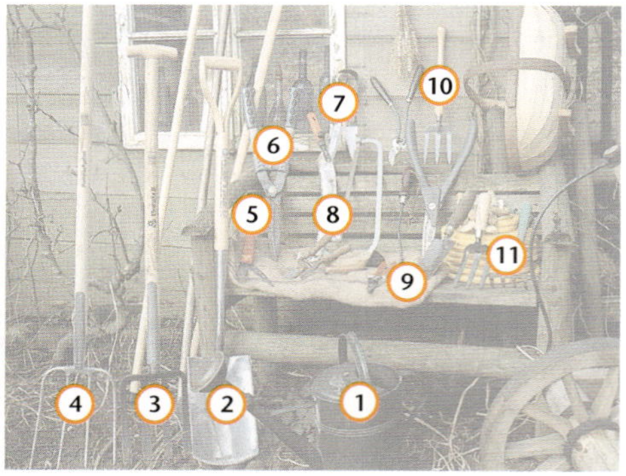

Keine Angst, das brauchen Sie nicht alles.

1. Gießkanne
2. Spaten
3. Grabegabel
4. Mistgabel
5. Rasenkantenschere
6. Heckenschere
7. Schere für Formschnitt
8. Baumsäge
9. Gartenschere
10. Handgabel
11. Handhacke

Im Lauf der Zeit

sind Ehrgeiz und Erfahrungen gewachsen. Das ein oder andere Gartengerät wird erforderlich oder wünschenswert. Wozu sich die Arbeit unnötig schwer machen? Wenn geeignete Geräte sie erleichtern können.

Die Teleskopschere – wenn die Arme nicht mehr reichen.

Tatort Garten.

Ob Spezialgeräte sinnvoll für Sie sind, entscheiden Sie selbst. Und Ihr Garten. **Rasenmäher** und **Rasenkantenschere** brauchen Sie nur, wenn Sie auch einen Rasen haben. Genauso ist es bei der **Heckenschere.** Wenn nichts hoch hinauswill, ist auch eine **Teleskopschere** unnütz. Um lange Freude an den guten und teuren Geräten zu haben, müssen sie gepflegt werden. Das Schneiden kann mit einer scharfen Schere zum Vergnügen werden. Mit einer stumpfen ist es ein Alptraum.

Die Rosengabel kommt nicht nur bei Rosen zum Einsatz.

Ein Schubkarren ist nur bei großen Gärten erforderlich.

TIPP

Nicht alles muss man selber haben. Bei selten gebrauchten Geräten – wie einer sehr langen Leiter, besagter Teleskopschere oder einem Vertikutierer (siehe »Rasen«) – reicht es völlig aus, wenn sie in der Nachbarschaft einmal vorhanden sind. Das spart Geld und Platz. Funktioniert aber nur auf Gegenseitigkeit.

Sinnvoll ist eine **Leiter,** aber die hat man meist sowieso. Nur: Ist sie stabil genug? Auf eine **Teleskopschere,** wie hier abgebildet, möchte ich z. B. nicht verzichten. Sie ist sehr leicht und stufenweise verstellbar bis auf 3 m. So kann ich mit der Leiter die Glyzinen daran hindern, übers Dach zu wachsen. Eine **Astschere** wird irgendwann auch unentbehrlich sein. Das Beste ist hier gerade gut genug, sie muss enormen Hebelkräften standhalten. Achten Sie darauf, dass Ersatzteile lieferbar sind. Eine kleine, klappbare **Astsäge** kommt zum Einsatz, wenn die Astschere nicht ausreicht. Im Herbst wird ein **Laubrechen** gebraucht. Selbst wenn man kein »eigenes« Laub hat, aus den Nachbargärten kommt es bestimmt. Auch die Gießkanne wird mit der Zeit nicht mehr ausreichen (siehe Seite 58). Gelegentlich werden Sie etwas festbinden müssen. Nehmen Sie keinen Draht, er stranguliert die Pflanzen. Eine **Schnur** aus Jute oder ein Bastband ist besser.

Bodenvorbereitung

Das A und O für leichtes Gärtnern

Frischer, lockerer Boden ist ein besonderes Dufterlebnis.

Der Erfolg im Garten hängt in erster Linie vom Boden ab. Deshalb lohnt es sich, ihn so gut wie möglich kennen zu lernen und zu verbessern. Ein gesunder, gut durchlüfteter Boden hält die notwendigen Nährstoffe für die Pflanzen bereit. In der Natur sind Boden und Pflanzen ein natürlicher Organismus. Regenwürmer, alle möglichen kleinen Tierchen, Bakterien, Pilze usw. arbeiten ständig an der Verbesserung des Bodens. Solch ein Boden ist warm, locker und hält Wasser und Nährstoffe. Diese oberste Bodenschicht nennt man **Mutterboden.** Je nach Menge der organischen Rückstände enthält sie mehr oder weniger Humus. Von einer **Humusschicht** von 25 cm können wir im Garten meist nur träumen. Diese wertvolle Schicht zu verbessern und vor allen Dingen bei einem Neubau zu »retten« erspart später viel Arbeit und Kosten. 5 bis 10 cm billigste Gartenerde auf Bauschutt sieht bei der Übergabe gut aus. Nur Freude würden Sie nicht lange daran haben.

Haben Sie einen Garten mit einem alten Rosenbeet übernommen, werden Sie wenig Erfolg haben, wenn Sie an dieselbe Stelle wieder Rosen pflanzen. Die Rosen werden mickern. Der Boden ist der Rosen »müde« und muss erst einmal durch eine Bepflanzung mit anderen Gattungen aufgefrischt werden. Das ist bei Gemüse genauso.

Die Fähigkeit der Pflanzen, Nährstoffe aus dem Boden aufzunehmen, hängt von dessen Säuregehalt, dem **pH-Wert,** ab. Die meisten Gartenböden sind schwach sauer, ihr pH-Wert von ca. 6 ist für die meisten Pflanzen ideal. Auch der Kalkgehalt ist wichtig. Bei viel Kalk im Boden liegt der pH-Wert über 7. Je näher man im Garten dem Naturstandort einer Pflanze kommt, desto weniger wichtig ist der Säuregehalt. Wenn die anderen Bedingungen stimmen, sind die meisten Pflanzen toleranter dem Boden gegenüber.

Heinzelmännchen verrichten auch im Garten gute Dienste. Wenn man sie lässt. Wer im Herbst seinen Gartenboden für eine Pflanzung im Frühjahr vorbereitet, tut gut daran, das Laub liegen zu lassen. Oder es sich zu besorgen. Ihr Nachbar ist vielleicht froh, wenn er es loswird. War der Boden vorher gepflegt, brauchen Sie nicht umzugraben. Regenwurm & Co. haben diese Arbeit längst für Sie verrichtet...
Auf biologischem Weg ist ein reifer oder »garer« Boden entstanden.

Sandiger Boden ist körnig und rinnt schnell durch die Finger. Er ist arm an Nährstoffen, hält Wasser schlecht.

Toniger Boden ist fein, glatt, gut formbar, aber luft- und wasserundurchlässig.

Als Erstes:

frei von Steinen und sonstigen erstaunlichen Dingen, die Sie finden werden, muss der Boden sein – besonders aber frei von ausdauernden Wurzelunkräutern wie Quecke und Giersch. Da Giersch ganz hübsch aussieht, ist man anfangs geneigt, ihn als »geschenkte Staude« freudig zu begrüßen.

Giersch zu entfernen ist ein besonderes Vergnügen – die langen Ausläufer reißen leicht ab.

Aber Vorsicht!

Giersch ist sehr aggressiv und duldet keine anderen Götter neben sich. Mögen sie noch so schön sein. Mit anderen Worten: Die Wurzeln müssen gründlichst entfernt werden.

Ein kompletter **Erdaustausch** ist nur nötig, wenn der »Boden« z. B. nur aus Schutt besteht. Oder man möchte ein Beet anlegen, das eine spezielle Erde erfordert. Ein Moorbeet z. B. – mit Rhododendren und Heidekraut. Dafür braucht man saure Erde (pH-Wert etwa bei 5).

Unkräuter müssen tief ausgestochen werden.

TIPP

Den Kampf mit dem Giersch unter der Birke hatte ich aufgegeben. Freudig kam er immer wieder ans Tageslicht. Bis ich dekorativen grün-weißen Ziergiersch (Sorte 'Variegatum') dazwischenpflanzte – um meine Giersch-Landschaft aufzuwerten. Erstaunlicherweise zog sich das Unkraut langsam, aber sicher völlig zurück. Es blieb die nicht wuchernde Zierform.

Bevor man ein Beet anlegt, wird der Boden eingeebnet.

Falls Sie neue Erde

brauchen, mischen Sie sie mit Ihrer vorhandenen, gesäuberten. Im Normalfall reicht es aus, den Boden gut zu durchlüften und Humus oder Kompost einzuarbeiten. Eine Düngung mit Humus bildenden Stoffen ist Hilfe zur Selbsthilfe. Achten Sie darauf, dass der wertvolle Mutterboden nicht nach unten und die darunter liegende Gesteinsschicht nicht nach oben kommt.

Verbessern Sie:

- Einen **Sandboden** mit lehmiger Erde und reichlich Humus
- Einen **tonigen Boden** mit Sand und Humus und durch tieferes Umgraben
- Einen **steinigen Boden** mit einer großen Menge Erde und Humus und durch das Aufsammeln größerer Steine
- Einen **»Steinboden«** am besten gar nicht. Pflanzen in Töpfen sind auch sehr schön.

Einkauf

Die schönste Vorfreude auf den blühenden Garten

Hilfe! Wie auswählen bei diesem unwiderstehlichen Angebot?

Früh übt sich der Kennerblick. Spaß macht der Pflanzeneinkauf in jedem Fall.

Pflanzeneinkauf macht Spaß. So viel Spaß, dass es zur Sucht ausarten kann. Es gibt schlimmere Laster. Warum also nicht? Ein Pflanzensammler und ein Gartenarchitekt sind selten unter einen Hut zu bringen. Nur – ein Konzept sollte dahinterstehen. Trotz aller Begeisterung – kaufen Sie nicht wahllos. Auswahl soll nicht zur Qual, sondern zur Lust werden.

Ohne botanische Namen geht es nicht. Man braucht sich nur die Etiketten und die Kataloge anzusehen. Die botanischen Namen sind allerdings sehr gewöhnungsbedürftig. Ich habe anfangs gedacht, das lerne ich nie. Wozu auch? Gibt es nicht deutsche? Ja – aber die können von Gegend zu Gegend unterschiedlich sein. Und niemand kennt ein Geißblatt, wenn Sie sich aus England eine begehrte Sorte mitbringen wollen. Dort heißt es Honeysuckle. Der botanische Name *Lonicera* aber ist international.

Wesentlich leichter wird der Einkauf, wenn man weiß, zu welcher Gruppe eine Pflanze gehört (siehe Seite 28 ff.) und welchen Standort sie benötigt. Denn die **Beschreibung** der einzelnen Sorten ist meist sehr knapp, oft beschränkt sie sich nur auf die Blütenfarbe. Und dann die **Mengen.** Wie viel brauche ich wovon? Das ist nicht leicht zu beantworten. Aus Kostengründen musste ich damals die vorgeschlagene Menge Eiben für meine Hecke halbieren. Zum Glück. Schöner und dichter könnte sie jetzt nicht sein, es war genau die richtige Menge. Nur – nach der Pflanzung sah es schon sehr armselig aus. Und trotzdem raten wir zu diesem Weg. Außerdem gibt es wunderschöne »Lückenbüßer«. Aber dafür muss man wissen, welche Ausmaße eine Pflanze anzunehmen geruht. Damals hatte ich – »großzügig«, wie ich dachte – Schneeglöckchen verteilt. In meinen

Aufzeichnungen steht: »3 unter die Birke...«.In der Annahme, sie vermehrten sich rasant, freute ich mich auf einen üppig blühenden Vorfrühlingsgarten.

Baumschule oder Gartencenter haben beide ihre Vorzüge. Gartencenter haben ein **breites Angebot**: viele Gattungen, z. B. Rosen, Rhododendren, Clematis usw., aber wenige Sorten innerhalb der Gattungen. Baumschulen dagegen haben meist ein **tiefes Angebot:** wenige Gattungen, z. B. nur Rosen oder nur Rhododendren und Moorbeetpflanzen, dafür eine große Sortenvielfalt. Suchen Sie etwas ganz Spezielles, sind Sie besser in einer Baumschule aufgehoben. Kommt es Ihnen nicht so auf die Sorte an und möchten Sie alles aus einer Hand, ist ein Gartencenter besser.

Ein gesunder Wurzelballen mit reich verzweigten, braunen Wurzeln.

Kaum einer möchte wegen einer bestimmten Rose von München nach Norddeutschland fahren. Viele Baumschulen bieten **Versand** an. Achten Sie mit darauf, dass die bestellten Pflanzen so abgeschickt werden, dass sie vor dem Wochenende bei Ihnen eintreffen, damit sie nicht unversorgt bei der Post liegen.

Um die Qualität zu beurteilen, topft man eine Pflanze am besten aus.

Pflanzeneinkauf ist Vertrauenssache. Man kann Schnäppchen machen, aber auch hereinfallen. Wenn von einem Anbieter mehrmals die weißen Narzissen in fröhlichstem Orange erblühen, werde ich es mir das nächste Mal überlegen. Obwohl es gerade bei Blumenzwiebeln schwierig ist. Die Überraschung, auch die böse, lässt Monate auf sich warten.
Bei einer »wurzelnackten« Rose kann man immerhin erkennen, ob die Wurzeln gesund

Ob Container oder Ballenware, hängt auch von der Größe ab.

aussehen. Drei Triebe sollte sie in der Regel auch aufweisen. Bei Containerpflanzen, selbst wenn sie gesund aussehen, ist ein prüfender Blick auf den Ballen ratsam. Eine Pflanze kann sich nur gut entwickeln, wenn ihre Wurzeln dazu imstande sind. Das sind sie nicht, wenn sie im Topf zu kreisrundem Wachstum gezwungen wurden. Nur – man wird im Handel wenig begeistert sein, wenn Sie alle Pflanzen erst aus den Töpfen nehmen. Was ja zu verstehen ist. Wenn jeder...

Heben Sie sich zumindest die Etiketten Ihrer neuen Schätze gut auf. Noch besser ist es, die Pflanzen mit **Schildchen** zu versehen. Das jedoch ist ein Thema für sich. Was habe ich nicht alles ausprobiert. Vom Regen verwaschen, von der Sonne ausgebleicht, von Amseln verschleppt usw.. Das Einzige, was jeder Verwitterung standhält, und gleichzeitig unauffällig ist, sind (selbst) gehämmerte Alu-Schildchen. Wie zu Gutenbergs Zeiten.

Rasen

Er ist unersetzlich – aber nicht ohne

Können Sie sich hier etwas Harmonischeres vorstellen als einen grünen Rasen?

So sät man einen Rasen an:

1. **Unkrautfrei** muss der Boden sein. Nur so hat der neue Rasen eine Chance.
2. **Gewalzt oder festgetreten**, ist der Boden nach zwei Wochen bereit, eingesät zu werden.
3. **Möglichst gleichmäßig** sollte die Rasenmischung verteilt werden. Wie, steht im Text.
4. **Wässern** ist nun angesagt. Und Geduld. Je nach Temperatur zeigt sich das erste Grün schon nach zwei Wochen.

Durch nichts lässt sich ein Rasen in der Gartengestaltung ersetzen. Jedenfalls nicht für größere Flächen. Er passt zu allen Stilen, ob säuberlich gemäht in einer formalen Anlage oder in einem naturnahen Garten, in dem Gänseblümchen keine Katastrophe sind. Auch der Ganzjahresaspekt lässt sich nicht überbieten. Eine geschlossene Rasenfläche wirkt sich sehr wohltuend auf das Auge aus, selbst im Winter.

Es gibt den berühmten englischen Golfrasen, der mich immer wieder vor Neid erblassen lässt – dessen Pflege aber auch alles andere als einfach ist. Und es gibt einen **Gebrauchsrasen**, den man auch begehen darf, auf dem auch Kinder herumtollen dürfen – er ist wesentlich einfacher, wenn man einige Grundregeln beachtet. Denn dieses herrliche Grün stellt auch Ansprüche. Der **Standort** sollte sonnig sein. Unter Nadelbäumen wird kein Rasen gedeihen. Als **Boden** ist ein Lehm-Sand-Gemisch ideal. Ein allzeit makelloser Rasen ist pflegeintensiv. Das sollte man wissen. Mit der richtigen Bodenvorbereitung, der für Ihren Zweck optimalen Samenmischung, den geeigneten Geräten und einigen Grundregeln kann man sich die Arbeit sehr erleichtern. Und mit der eigenen Einstellung. Ich kann leicht mit einigen Unkräutern im Rasen leben, solange sie grün sind.

Am Anfang steht die **Bodenvorbereitung.** Sie ist das A und O. Wer hier schludert, macht sich die Arbeit für später unnötig schwer. Der Boden wird gesäubert und ca. 20 cm tief umgegraben. Dabei Unkräuter, Wurzeln, Steine und was sich sonst noch alles findet sorgfältig entfernen. Nun wird die Erde verbessert (siehe Seite 37) und ein Langzeitdünger eingearbeitet. Nun wird die Fläche festgetreten oder festgewalzt. Wichtig ist, dass keine Unebenheiten bleiben. Sie würden später das Rasenmähen erheblich erschweren. So vorbereitet, sollte der Boden zwei Wochen ruhen, um keimende Unkräuter entfernen zu können.

Anfang April,

oder Mitte bis Ende April, wenn Sie in einer weniger günstigen Gegend wohnen, kann mit der **Aussaat** begonnen werden.

So werden die Rollen geliefert, fix und fertig.

TIPP

Rollrasen für schnelles Grün.

Sofort eine gleichmäßige, dichte grüne Fläche. Schnell betretbar, in kurzer Zeit voll belastbar. Zeit sparend, fast ganzjährig einsetzbar. Und Rollrasen verhilft sofort zu einem schöneren Anblick. Vielleicht ist die Geduld nach einer Bauphase ja am Ende und man möchte endlich fertig sein. Mit Rollrasen gelingt das ganz leicht, hat aber seinen Preis.

Ohne eine gute Bodenvorbereitung geht es auch hier nicht.

Regner sorgen für gleichmäßige Bewässerung des ersten Grüns.

Da das eine Zeit ist, in der im Garten sowieso genug zu tun ist, ist es hilfreich, wenn der Boden schon im Herbst vorbereitet wurde. Man braucht ihn nur noch durchzuharken.

Wählen Sie mit Bedacht die für Sie passende **Rasenmischung.** Nicht irgendeine. Rasenmischungen werden nach ihrem Verwendungszweck angeboten und setzen sich aus verschiedenen Gräsern zusammen. Möchten Sie einen Rasen als Spiel- und Liegefläche, auf dem sich die Familie nach Herzenslust – und zwar ganzjährig – tummeln kann? Dann ist eine strapazierfähige Mischung angesagt. Empfindlicher Luxusrasen ist nur dort angebracht, wo die Grünfläche nur betrachtet – und nur zur Pflege betreten – wird.

Am Tag vor der Einsaat

sollte gut gewässert werden. Ein windstiller, trockener Tag mit bedecktem Himmel ist zum Säen ideal. Vom Wind verweht, ist der Samen sonst überall, nur nicht dort, wo man ihn haben will. Für eine gleichmäßige Verteilung säen Sie am besten in breiten Streifen aus beiden Richtungen. Zum Schluss wird der Samen dünn mit Erde bedeckt oder eingeharkt. Damit der Samen gut keimt, heißt es wässern. Und zwar regelmäßig mindestens dreimal täglich fein beregnen. Danken Sie dem Himmel, wenn es regnet.

Die Rasenpflege

sollte man sich leicht machen. Ohne Wässern, Düngen, gelegentliches Ausbessern und regelmäßiges Mähen geht es leider nicht. Es sei denn, man entscheidet sich für einen Kunstrasen. Aber selbst der müsste gefegt werden. Und ob das das Wahre ist? Natürlich auf keinen Fall.

Wassermangel

zeigt der Rasen durch einen Blaustich. Dann ist es Zeit zur Beregnung. Bei längerer Trockenheit werden die Gräser braun und trocken. Gewässert wird morgens oder abends bei trübem Wetter. Nie in der Mittagshitze. Eine Faustregel wie »jeden Freitag« macht wenig Sinn. Es kommt auf den Boden an und auf das Wetter.

Ab April braucht Ihr Rasen wieder neue Kraft. Wenn Sie ihn hungern lassen, wird er sich rächen – mit mehr Unkraut, als Ihnen lieb ist. Ein bis zwei Tage nach dem Schnitt ist die beste Zeit zum **Düngen.**

Den Rasen ausbessern

wird von Zeit zu Zeit nötig sein. Entweder haben sich hartnäckige Unkräuter allzu breitgemacht, Ameisen ganze Teile zum Absterben gebracht, trockene Stellen während des Sommers gebildet oder alle Gäste haben während einer Party immer auf einem Fleck gestanden.

Rasen ausbessern

1. **Bei so viel Unkraut** hat der Rasen keine Chance. Das Stück wird abgestochen.
2. **Die Lücken** werden mit frischem Sand-Erd-Gemisch gefüllt und mit der gleichen Rasenmischung eingesät.
3. **Man harkt** den Samen leicht ein. Dann festtreten.
4. **Täglich** überbrausen, aber keinen Sumpf anlegen.

Dann wird der Rasen geflickt. Keine Angst, er sieht nur anfangs wie ein Patchworkteppich aus. Bald werden die Stellen nicht mehr zu sehen sein. Umzugraben braucht man nicht. Ein Nachsäen wie links beschrieben reicht völlig aus. Schneller und leichter kommen Sie allerdings wieder zu einheitlichem Grün, wenn sich von einer weniger sichtbaren Stelle ein passendes Stück abstechen lässt. Es wird einfach in die vorbereitete Kahlstelle eingefügt.

Das Rasenmähen geht erheblich leichter, wenn die Fläche ein Mindestmaß an Größe hat. Kleine Teile, durch die kein Rasenmäher passt, sind nur mühselig kurz zu halten. Das geht dann höchstens mit einem Rasenkantenschneider. Oder fast nur noch mit der Nagelschere. Besser wären für so winzige Flächen Kiesel oder Steine. Auch ist es nicht günstig, wenn der Rasen bis ans Haus oder an eine Mauer reicht. Wie wollen Sie mit dem Mäher hinkommen? Und wenn Sie sich einen leisen und umweltfreundlichen Rasenmäher zulegen und sich an Ruhezeiten halten, werden Sie es auch leicht haben – mit den Nachbarn.

Für große Gärten ideal – ein Aufsitzmäher.

Ein Auffangkorb erspart das Zusammenrechen.

Grasabfall kann man zur Bodenbedeckung und als Kompostmaterial verwenden.

Ein Handmäher reicht für kleinere Flächen völlig aus.

Begonnen wird mit dem Mähen im April. Wo Schneeglöckchen oder Krokusse wachsen, sollten diese Stellen beim Mähen ausgespart bleiben, bis das Laub vergilbt ist.

Die **Schnitthöhe** ist abhängig von der Aufgabe des Rasens. Ein Zierrasen ist maximal 3 cm hoch, ein Freizeitrasen darf 4 cm hoch sein. Der Schnitt ist fällig, wenn die Grashalme doppelt so hoch sind. Schneiden Sie nur einen abgetrockneten Rasen. Nach einer Neueinsaat erfolgt der erste Schnitt bei 6 bis 7 cm Höhe.

Rasen soll kurz in den **Winter** gehen, und sauber. Laub darf nicht liegen bleiben, es verursacht Fäulnis. Und er sollte nach Möglichkeit wenig betreten werden, denn gefrorene Halme brechen und sterben ab. Mit Grasschnitt kann man mulchen (den Boden dünn bedecken) oder ihn in dünnen Schichten kompostieren.

Jeder Rasen

hört irgendwo auf. Eine geeignete Einfassung spart viel Arbeit. Diese Begrenzung kann sehr gut aussehen; man kann aber auch an ihr verzweifeln. Doch Sie müssen das nicht. Ein Rasen, der gut atmen kann, wächst besser und schöner.

Sauber abgestochene Rasenkanten sehen einfach besser aus.

Locker über dem Rasen

hängende Stauden oder Sträucher sehen entzückend aus. Das Mähen kann allerdings zu einem Alptraum werden. Eine niedrige Buchshecke als Umgrenzung der Beete könnte Abhilfe schaffen – aber auch sie muss geschnitten werden.

Die Pflege der **Rasenkanten** erleichtert man sich wesentlich mit einer Einfassung aus schmalen Platten. Sie sind eine ideale Begrenzung zu Beeten und Rabatten, zu Wegrändern und zu Mauern. Die Platten müssen mit dem Boden gleich hoch sein, damit der Rasenmäher leicht darüber rollen und das Gras exakt abschneiden kann. Hohe Kanten erschweren nur die Arbeit.

Rasenkanten müssen abgestochen werden. Eine saubere Kante beeinflusst die Gesamtwirkung eines Rasens erheblich. Er kann noch so gut gemäht sein, ausgefranste Kanten zerstören das Bild.

Für große Flächen lohnt sich ein Motor-Vertikutierer.

Ein Akkuschneider eignet sich auch als Rasenkantenschneider für unzugängliche Stellen.

Nach dem Vertikutieren kann der Rasen wieder atmen.

Belüftung regt den Wuchs des Rasens an. Man nennt das **Vertikutieren.** Verdichteter Boden kann wieder atmen, oberflächliche Unkräuter und Moos werden entfernt. Der ideale Zeitpunkt dafür ist das Frühjahr, bei Bedarf auch der September. Bei einem jungen Rasen genügt eine Harke, bei kleinen Flächen eine Grabegabel, die eingestochen wird.

Rasen oder Blumenwiese?

Das ist hier die Frage. Ein makelloser Zierrasen ist aufwändig, besonders wenn man schon beim ersten Gänseblümchen nervös wird. Mindestens genauso viel Mühe macht eine Blumenwiese, wenn sie nicht nur eine Bienen-, sondern auch eine Augenweide sein soll. Wie wäre es mit einem Kompromiss?

Makellos wie ein Golfrasen ...

Einen Ersatz für Rasen gibt es nicht. Besser als ein mickernder Rasen im Schatten oder ein schlecht zu mähender an unzugänglichen Stellen, wie an Hängen oder Böschungen, sind allerdings **bodendeckende Pflanzen**. Für den Schatten eignen sich Efeu, das Kleine Immergrün oder auch das dem Vergissmeinnicht ähnliche Gedenkemein für einen feuchten Boden. Die Gold-Fetthenne verträgt dagegen Trockenheit. Wenn eine Ramblerrose anmutig über eine Böschung fällt, erspart das jede weitere Begrünung.

...oder lustig mit Gänseblümchen

TIPP

Gänseblümchen im Rasen dürfen bei mir bleiben. Sie sind nicht aggressiv und sehen allerliebst aus. Und kleinen Kindern macht es Spaß, auch einmal etwas pflücken zu dürfen. Ich nehme es nicht so genau mit dem Rasen. Das erleichtert das Leben ungemein. Der Löwenzahn hat bei mir allerdings keine Chance.

Platt getretenes Gras am Sitzplatz oder unter einer Schaukel braucht Sie nicht zu ärgern. Es gibt **Matten** aus grünem Kunststoff in Gitterform. Sie werden am besten vor der Einsaat verlegt. Das Gras wächst hindurch, von der Matte ist bald nichts mehr zu sehen. **Trittsteine** im Rasen werden ohne Unterlage verlegt. Sie senken sich mit der Zeit von allein.

Blumenzwiebeln können den Rasen im Frühling in ein Blütenmeer verwandeln. Wenn Scilla, Krokus, Schneeglöckchen oder Narzissen vom Gehölzrand aus in den Rasen wachsen und verwildern, gibt das ein sehr reizvolles und natürliches Bild. Man kann auch ein kleines Stück Rasen an drei Seiten ausstechen, aufklappen, die Erde darunter lockern, die Zwiebeln hineinstecken, wieder zuklappen und andrücken.

Wo keine intensive Rasenpflege gemacht und nur alle 3 bis 6 Wochen gemäht wird, stellen sich, besonders auf kalkhaltigen Böden, allmählich verträgliche **Wildstauden** mit hübschen Blüten ein. Ganz von allein. Schafgarbe, Hornkraut, Ehrenpreis, Gänseblümchen oder Veilchen sind nur einige. »Ein Veilchen auf der Wiese stand, gebückt in sich und unbekannt. Es war ein herzig's Veilchen.« (Goethe)

Richtig pflanzen

Bäume und Sträucher

Bitte nicht zwischen Tür und Angel. Bäume, auch manche Sträucher können ein beachtliches Alter erreichen. Und selbst unseren Kindern und Enkeln noch Freude bereiten. Bei solch einer Investition in die Zukunft lohnt es sich allemal, gute Startbedingungen zu schaffen.

Für Gehölze, die ihr Laub im Winter abwerfen, ist die **beste Pflanzzeit** der Spätherbst. Der Boden darf noch nicht gefroren sein. Auch März/April kommen in Frage. Immergrüne kommen gern schon im September an ihren neuen Platz.

Die Pflanztiefe ist für gutes Anwachsen und Gedeihen sehr wichtig. Nie tiefer setzen, als sie vorher im Topf oder in der Baumschule gepflanzt waren. Ausgenommen bei Container-Rosen. Bei ihnen ist es wichtig, dass die Veredlungsstelle (siehe Seite 51) ca. 5 cm unter die Erde kommt (im Container stehen die Rosen meist zu hoch). Natür-

1. **Das Pflanzloch** mindestens so breit graben, wie der Ballen ist, und doppelt so tief.
2. **Das Tuch** um den Ballen am besten ganz entfernen – oder aufknoten.
3. **Die Zwischenräume** mit frischer Erde füllen.
4. **Festtreten** sichert die Standfestigkeit.

lich auch nicht bei Hochstammrosen, da befindet sich die Stelle unter der Krone.

Ein Baum braucht Platz. An der Vorstellungskraft, welche Ausmaße er annehmen kann, fehlt es meist. Deshalb werden Bäume oft viel zu dicht am Haus gepflanzt. Informieren Sie sich, bevor Sie den Spaten ansetzen. Es erspart Ihnen später Verdruss über sehr hohe Stromrechnungen.

Das **Pflanzloch** wird mindestens doppelt so groß ausgehoben wie der Ballen. Ist der Untergrund sehr verfestigt, muss er mit einer Grabegabel gelockert werden. Eine Bodenverbesserung mit Humus, Kompost oder Hornspänen wird Ihr »Hausbaum« sehr zu schätzen wissen. Ein Stützpfahl wird vor dem Pflanzen eingeschlagen. Der Ballen wird zuvor gut gewässert. Sind nur Wurzeln ohne Erde vorhanden, wird der Baum mit dem Wurzelballen einige Stunden lang in Wasser gestellt. Nun kann gepflanzt werden. Suchen Sie sich nach Möglichkeit einen bedeckten, windstillen, regnerischen Tag aus. Zumindest für die Pflanzen ist das besser. Nachdem das verbleibende Pflanzloch so mit Erde aufgefüllt wurde, dass keine Hohlräume entstehen, wird das, was später ein Baum werden will, an der Stütze festgebunden. Festgebunden, nicht stranguliert. Nehmen Sie keinen Draht, sondern ein Material, das nicht einschneidet. Die Stütze soll dem Bäumchen helfen, ein großer, gerader Baum zu werden, und sich nicht als Mordinstrument entpuppen.

Gießen selbst bei Regenwetter nicht vergessen.

Nicht nur beim Pflanzen ist es gut, zu zweit zu sein.

So festgebunden, wird das Stämmchen gerade wachsen.

Eine Hand voll Knochenmehl kann nicht schaden.

Ein Gießrand um den Baum erleichtert das Wässern. Nun wird tüchtig angegossen, auch bei Regenwetter. Nicht mit der Brause, sondern mit einem kräftigen Wasserstrahl. Er sorgt dafür, dass sich keine Hohlräume bilden und Erde die Wurzeln einbettet. Ist das Wasser versickert, »schenken« Sie noch einmal nach, bis der Boden richtig schön gesättigt ist. Bei anhaltend trockenem Wetter auch im Winter das Wässern nicht vergessen. Ist aus dem Bäumchen ein Baum geworden, braucht er keinen »Halt« mehr.

Hecken pflanzen

Dicht und schön, gesund und meist auch groß, wünschen wir uns eine Hecke. Als Sicht- oder Windschutz, als Unterteilung oder Hintergrund. Oder auch nur als Einfassung. Sie kann aus verschiedenen Gehölzen bestehen: aus Laub abwerfenden – wie Hainbuche – oder immergrünen – wie Berberitze (Laubgehölz) oder Eibe(Nadelgehölz) – auch mit einem Blütengehölz (z. B. Forsythie) dazwischen.

Die erste Überlegung, »Was möchte ich?«, ist damit geklärt. Die zweite, »Wie viele Pflanzen brauche ich davon für meine Hecke?«, ist die Folge davon. Die **Anzahl** ist abhängig von der Art der Pflanze und von der Ballengröße. Natürlich auch vom Preis. Laub abwerfende Heckenpflanzen sind preiswerter in der Anschaffung, immergrüne – mit Ausnahme des Wässerns – pflegeleichter.

Wer schnell eine hohe, grüne Wand haben will, muss große Pflanzen mit festem Ballen kaufen. Das ist sehr teuer. Außerdem werden sich durch die zu dichte Bepflanzung später Mängel an den Pflanzen zeigen, beispielsweise Verkahlung durch zu wenig Licht. Wenn Sie noch jung genug sind, nehmen Sie weniger Pflanzen und kleinere. Das sieht anfangs zwar aus wie »will und kann nicht«, spätestens nach fünf Jahren aber nach »gekonnt« mit Blick auf die Zukunft.

1. **Eine Schnur** sorgt für eine gerade Ausrichtung.
2. **Entlang der Schnur** wird je nach Ballengröße ein Graben ausgehoben.
3. **Eine Starthilfe** in Form von Hornspänen ist zu empfehlen.
4. **Erst unmittelbar** vor dem Pflanzen wird der Container entfernt.

Da eine Eibe gut 1 m breit wird, würden für eine 10 m lange Hecke 10 Pflanzen ausreichen. Wenn Sie Geduld haben. Wenn nicht, brauchen Sie für eine schnell geschlossene Hecke mindestens das Doppelte. Für eine niedrigere Einfassung aus Buchs sind für 1 m Länge 5 kleinere Pflanzen nötig. Ich lag mit meiner Methode, die vom Handel vorgeschlagene Menge jeweils zu halbieren, eigentlich immer richtig.

Die richtige **Pflanzzeit** ist, wie bei Bäumen und Sträuchern auch, der Herbst, in raueren Gegenden auch der Frühling.

Achten Sie beim **Kauf** darauf, dass Sie Pflanzen gleicher Größe, Höhe und Breite bekommen. Und auch der gleichen Sorte. Bei einer größeren Menge kann es sinnvoll sein, rechtzeitig zu bestellen. Es gibt preiswerte Heckenpflanzen ohne Erdballen. Sie brauchen allerdings viel Pflege zum Anwachsen und sind alles andere als einfach.

Voller Tatendrang

wird nun – je nach Ballengröße – ein 30 bis 40 cm tiefer Graben ausgehoben. Wenn Sie nicht gerade eine schräge oder schlangenförmige Hecke haben möchten, spannen Sie sich eine Schnur. Das ist sicherer als das Augenmaß. Eine Start- und Vorratsdüngung ist besonders für Blütengehölze notwendig.

5. **Vorsichtig** werden die Pflanzen nacheinander in ihr »Bett« gestellt.
6. **Festgetreten** wird erst, wenn alle Pflanzen im gleichen Abstand stehen.
7. **Angießen** nicht vergessen, auch nicht bei Regenwetter. Dabei nicht mit Wasser sparen. Die eingeschlämmte Erde füllt letzte Hohlräume.

Immergrüne

werden immer mit Ballen geliefert und gepflanzt. Der Ballen wird vorher in einen Eimer mit Wasser gestellt. Faustregel: mindestens so lange in Minuten, wie der Ballendurchmesser in Zentimetern.

Sind nun die Pflanzen im richtigen Abstand gesetzt, wird mit Erde aufgefüllt. Mit einer Oberschicht aus humusbildenden Stoffen (z. B. Kompost) ist die »Hecke«, die erst eine werden will, optimal versorgt. Festtreten, damit sie nicht gleich beim ersten Windhauch schief steht, und gründlich angießen.

Mit einem **Schnitt** gleich nach dem Pflanzen wird die Hecke erzogen. Immergrüne dabei mäßig auf eine einheitliche Höhe zurückschneiden, Nadelgehölze überhaupt nicht, Pflanzen ohne Ballen zur Hälfte.

Kletterpflanzen zu setzen

ist nicht schwieriger als bei anderen Pflanzen auch. Ein ausreichend großes Loch, unten gut mit Hornspänen und oben gut mit Kompost vorbereitet – und hinein damit. Nur: Viele Kletterpflanzen müssen festgebunden werden, und dazu muss man ihre Wuchseigenschaften kennen. Und einige haben Extrawünsche.

1

Die Auswahl

fällt bei dem Riesenangebot nicht schwer. Eigentlich müsste für jeden Geschmack etwas dabei sein. Ob das allerdings für Ihre Lage und Ihren Boden in Frage kommt, muss vorher geklärt werden. Eine Glyzine wird sich im Blumenkasten so wenig wohl fühlen wie eine großblütige Clematis in voller Sonne.

Kletterpflanzen

wollen klettern. Damit sie das können, brauchen die meisten einen »Halt«.

- **Selbstkletternd** sind Wilder Wein, Kletterhortensie und Efeu. Nicht, dass sie von allein senkrecht in die Höhe wachsen. Sie halten sich mit ihren Saugwurzeln an Bäumen, Hauswänden usw. fest.
- **Schlingend** sind Glyzine, Hopfen und Geißblatt. Sie brauchen entweder einen Baum oder ein sehr stabiles Klettergerüst.
- **Rankend** sind Echter Wein und Clematis. Sie sind mit einer Rankhilfe in Form eines Gitters oder auch nur einer Schnur zufrieden.

2

3

TIPP

Clematis lieben als Waldpflanzen einen »kühlen Fuß« und einen »warmen Kopf«. Halbschatten ist ideal. Die beste Pflanzzeit ist August bis Oktober. Clematis werden so tief gepflanzt, dass sie mit ca. 10 cm Erde bedeckt sind. Alle Clematis, gleich welcher Art, werden im ersten Standjahr im November bis auf 30 cm zurückgeschnitten. So schwer es auch fällt: Sie entwickeln sich dann zu schöneren Pflanzen.

1. **Ohne Topf** wird die Pflanze leicht schräg zum Rankgerüst gestellt.
2. **Triebe locker festbinden.** Verwenden Sie keinen Draht, sondern Bast, Jute oder eine Baumwollkordel.
3. **Nun wird Erde** aufgefüllt. Die Pflanze festhalten, damit sie ihre Richtung nicht verliert.

Rosen pflanzen

ist eine stachelige Angelegenheit.

Diese Stacheln aber helfen z. B. einer Rambler-Rose, hohe Bäume zu erklimmen. Mit festen Handschuhen ist es halb so schlimm. Rosen lieben einen luftigen, freien und sonnigen Standort. Deshalb muss ein Klettergerüst von der Hauswand mindestens 20 cm Abstand haben.

Rosen lieben einen nährstoffreichen Boden. Jeder Gartenboden ist geeignet, wenn er mit Humus angereichert wird, genügend feucht und locker ist (siehe Seite 36). Aber Rosen nie dort pflanzen, wo vorher schon Rosen standen. Solche Böden sind »rosenmüde«.

Sie haben die Wahl zwischen »wurzelnackt« (ohne Erde) und »im Container«. **Wurzelnackte Rosen** können vom Herbst bis zum Frühjahr gepflanzt werden – so lange der Boden frostfrei ist. Kann man sie gleich pflanzen, werden sie sofort ausgepackt und für einige Stunden in Wasser gestellt. Ist jedoch der Boden gefroren, müssen sie an einem frostfreien, kühlen Platz, z. B. einer Garage, so lange aufbewahrt werden, bis der Boden wieder zu bepflanzen ist. Graben Sie das Pflanzloch so tief (2 Spaten tief), dass die Wurzeln ohne Verbiegen senkrecht in die Erde kommen. Außerdem ist ganz wichtig, dass die **Veredelungsstelle** (siehe Glossar) 5 cm unter die Erde kommt. Diese sehr empfindliche Stelle muss vor dem Austrocknen und vor Frost geschützt werden. In das gut gelockerte Pflanzloch Hornspäne einarbeiten. Triebe und Wurzeln werden vor dem Pflanzen etwas gekürzt. In der Baumschule wird man diese Arbeit gern für Sie machen. **Rosen im Container** können das ganze Jahr über gepflanzt werden, außer bei Frost.

1. **Die Wurzeln**, werden etwas gekürzt.
2. **So** können sich die Wurzeln vollsaugen.
3. **Hornspäne** fördern das Wachstum.
4. **Das Pflanzloch** wird so tief ausgehoben, dass die Wurzeln senkrecht darin Platz finden.
5. **Die Veredelungsstelle** ist tief genug unter der Erde.
6. **Nach dem Wässern** anhäufeln.

Stauden einpflanzen – mit ein bisschen Liebe

Auf Nummer sicher: Stauden blühend gekauft – und man weiß, dass die Farbe passt.

Enttäuschungen bei Stauden beruhen fast immer »auf Gegenseitigkeit« (Karl Foerster). Ja, auch die Pflanze kann von uns enttäuscht sein. Man hat ihr nicht ihre Lebensbedingungen erfüllt, hat sie nicht sorgfältig genug gepflanzt, oder ihre Nachbarn nehmen ihr den Atem. Sie erstrahlt nicht in vollem Glanz. Nein, sie mickert traurig vor sich hin. Rache? Wohl kaum. Sie möchte, kann aber nicht anders. Dabei kann es so **leicht** sein. Damit eine Staudenpflanzung von Frühjahr bis Herbst eine Augenweide und pflegeleicht ist, sollte sie gut geplant und vorbereitet werden.

In der Natur sind Stauden oft in Gesellschaft mit Bäumen oder Sträuchern anzutreffen. Ein Vorbild für uns. Größere Stauden wie Pfingstrosen, Rittersporn oder Phlox, auch größere Gräser wie das Chinaschilf bringen Höhe in die Pflanzung. Man nennt sie **»Leitstauden«.** Sie werden zuerst ausgewählt. Danach sucht man sich die kleineren Stauden aus. Früh blühende, wie das Tränende Herz, werden mehr in den Hintergrund gesetzt, und später blühende davor. Es fällt dann nicht so auf, wenn die früh blühenden ihren Höhepunkt überschritten haben. Kleinere Sommer- und Herbststauden gehören in den Vordergrund. Tuffs von Schneeglöckchen, Krokussen oder Traubenhyazinthen sorgen dafür, dass es hier auch im Frühling blüht.

Eine lockere Anordnung von hohen, mittelhohen und niedrigen Stauden ergibt ein ausgewogenes Bild. Wählen Sie nur Stauden, die die gleichen Ansprüche an Boden und Standort haben. Das erleichtert die Pflege ungemein. Ein Schatten liebender Farn und ein »sonniges« Gras werden nie glücklich miteinander werden. Es ist schön, wenn Stauden, die zur gleichen Zeit blühen, farblich harmonieren. Zumindest sollten sie sich nicht »beißen«.

Der **Pflanzabstand** hängt von den ausgewählten Arten ab. Für 1 m^2 sind 3–4 höhere Stauden ausreichend, 6–9 niedrigere, und von den ganz kleinen dürfen es auch 10–15 sein. Obwohl man kaum eine größere Fläche in einer Rabatte mit kleineren Stauden füllen wird. Es sei denn, man setzt sie großflächig als Bodendecker ein. Pflanzen Sie nicht zu dicht. Leere Stellen lassen sich mit Sommerblumen füllen.

Wann wird gepflanzt? Das hängt von den Pflanzen ab. Nur, mit dieser Antwort werden Sie wenig anfangen können. Als Faustregel gilt: nach ihrer Blütezeit – in ihrer Ruhephase. Also Frühjahrsblüher noch im Frühling oder Frühsommer, Sommerblüher im Herbst und Herbstblüher auch noch im Vorfrühling. Wenn Sie zur Blütezeit pflanzen möchten: Es gibt Stauden in Containern. Sie sind zwar teurer, aber man kauft keine »Katze im Sack«.

Bereiten Sie Ihren Stauden ein weiches Bett. Ein tief gelockerter Boden (25–50 cm, je nach Höhe der Pflanze), ohne Unkraut, mit Humus angereichert, ist die Grundvoraussetzung für üppiges Blühen. Legen Sie die Pflanzen auf die vorgesehenen Stellen. Und versuchen Sie, sich die spätere Wirkung vorzustellen. Jetzt lassen sie sich noch wie Schachfiguren hin und her schieben. Sind Sie mit Ihrem Werk zufrieden, wird gepflanzt. In der so gut vorbereiteten Erde müsste das ein Vergnügen sein. Engländer, berühmt für prachtvolle Stauden, haben ein einfaches Erfolgsrezept: »A penny for a plant and a pound for the hole.«

1

2

3

4

TIPP

Einfach ist es nicht, eine wirkungsvolle Staudenpflanzung zu gestalten. Sie werden etwas üben müssen. Aber auch das Üben kann und sollte Freude machen. Nach und nach werden Sie Ihrem Ziel näher kommen. Auch ein Golfer übt erst einmal. Er wird nicht versuchen, beim allerersten Schlag mit Tiger Woods gleichzuziehen.

1. **Mit der Handschaufel** gräbt man das Pflanzloch.
2. **Langzeitdünger** sorgen für gutes Gedeihen.
3. **Beim Einsetzen** die Staude etwas höher halten. Mit Erde auffüllen, andrücken.
4. **Das Angießen** nicht vergessen…

Zwiebelblumen

Im Herbst den Frühling vorbereiten. Schon die Vorfreude darauf lässt die Wintertage weniger grau erscheinen. Wo können Sie nicht überall für »Lichtblicke« sorgen. Ob unter Bäumen und Sträuchern, zwischen Stauden, verwildert im Rasen oder in Balkonkästen – überall sinc diese kleinen Schätze entzückend.

Achten Sie beim Kauf auf gesunde Zwiebeln. Fest und schwer müssen sie sein, unbeschädigt, ohne Flecken und weiche Stellen. Wenn Sie bei einer Sorte die Wahl zwischen großen und kleinen Zwiebeln haben, nehmen Sie die großen. Eine Schneeglöckchenzwiebel von 1 cm Durchmesser wird schon im nächsten Winter blühen. Bei einer kleineren müssen Sie länger warten. Apropos Schneeglöckchen: von Züchtern werden sie nach der Blüte mit welkem Laub verschickt. Gleich gepflanzt, haben sie so die besten Chancen.

Kaufen kann man Blumenzwiebeln dann, wenn man sie auch pflanzen kann. Bei einer Lieferung hat schon mancher gedacht – auch ich –, die haben wohl vergessen, die Zwiebeln hineinzutun. Bevor Sie reklamieren, schauen Sie genau nach. Längst nicht alles, was unter dem Oberbegriff »Zwiebel« läuft, sieht auch wie eine solche aus. Anemonen z. B. sind unförmige, kleine, dunkelbraune Gebilde – Erdklümpchen nicht unähnlich.

1. **In das Pflanzloch** wird Langzeitdünger eingearbeitet. Bei schwerem Boden auch Sand.
2. **Hier** werden die Zwiebeln als Tuff gesetzt.
3. **Gut mit Erde** bedecken. Anzugießen braucht man nicht.
4. **Mit 10 cm Erde** bedeckt und kühl (frostfrei) überwintert, wird diese Schale im Frühling »erblühen«.

Pflanzzeit ist:

- Im Hochsommer: für Herbstblüher wie Herbstzeitlose, Herbstkrokus
- Im August/September: für Narzissen und Krokusse.
- Im Herbst: für sonstige Frühlingsblüher.

Je früher die Zwiebeln in die Erde kommen, destso früher kommen die Blüten raus.

Pflanzen Sie Blumenzwiebeln nicht in Reih und Glied wie Zinnsoldaten. Das wirkt sehr unnatürlich. Wenn es wie zufällig wirken soll, werfen Sie die Zwiebeln in die Luft – und pflanzen Sie sie dort, wo sie hingefallen sind. Für eine naturnahe Gestaltung ist das am schönsten. Oder in ungeradzahligen Tuffs, z. B. 7 Narzissen.

Gepflanzt wird drei Mal so tief wie die Zwiebel hoch ist. Eine Narzissenzwiebel von 5 cm in ein 15 cm tiefes Loch. Und richtig herum, d. h. mit den Würzelchen nach unten. Das ist bei Knollen gar nicht so einfach.

Am natürlichsten wirkt es, wenn die Pflanzen **»verwildern«**. Winterling und Blaustern vermehren sich rasant, da sie sich fleißig aussäen. Schön, wenn sie das dürfen. Schneeglöckchen dagegen verhalten sich sittsamer. Sie passen besser in eine Staudenrabatte.

Hier werden Zwiebeln mit Tochterzwiebeln getopft.

Zwiebeln mit fleischigen Schuppen.

Knollen sehen meist nicht sehr Vertrauen erweckend aus.

Rhizome wachsen unterirdisch oder flach auf der Erde.

TIPP

Zwiebelpflanzen brauchen ihr verwelkendes Laub zur Ernährung ihrer Zwiebel. Um wieder Kraft zu schöpfen für eine schöne Blüte im nächsten Jahr. Entfernen Sie das Laub erst, wenn es sich leicht mit den Händen abnehmen lässt. Es sieht unschön aus, ich weiß. Das kann man aber mit anderen Pflanzen kaschieren.

Krokusse und Winterlinge können wunderbar verwildern.

Sommerblumen anziehen

ist kinderleicht. Die Frage ist allerdings, ob es sich lohnt. Natürlich geht es schneller, die fertigen Pflanzen zu kaufen. Aber es macht Spaß, die Blumen selbst zu säen und beim Wachsen zuzusehen. Das Erfolgserlebnis ist vorprogrammiert. So etwas soll ja von Zeit zu Zeit gut tun. Auch entwickelt man ein innigeres Verhältnis zu »seinen« Pflanzen.

Torfquelltöpfchen (Jiffy-Pots) eignen sich für kleine Mengen.

Das sieht wirklich nicht nach Schwerarbeit aus. Und der Erfolg hat sich auch schon eingestellt.

Ein Samenkorn

steckt voller Leben. Das ist schon ein Wunder, wenn man bedenkt, wie winzig so ein Körnchen manchmal ist – und doch schon die ganze Anlage der Pflanze enthält. Bei Liliensamen beispielsweise lässt sich der Keim mit bloßem Auge erkennen. Hält man die dünnen, braunen Plättchen gegen das Licht, sieht man ein schwarzes »Komma«. Fehlt es, ist der Samen nicht keimfähig.

Zur **Keimung** ist Wasser notwendig. Wenn der Samen auf feuchte Erde gelegt wird, kommt Luft, und in den meisten Fällen Wärme und Licht, hinzu. Durch das Aufquellen wird die Samenschale gesprengt. Dahinter steht eine erstaunliche Kraft. Nur so wird verständlich, dass aus Mauerritzen oder sogar Asphalt Blumen sprießen. Zuerst erscheinen die Keimblättchen. Sie biegen sich auseinander, der Stängel mit dem ersten Blattpaar erscheint. Nun geht es aufwärts. Keine Sorge: Die Keimblätter fallen nach getaner Arbeit ab. Die »echten« Blättchen übernehmen das Atmen.

Farbenfroh und vielseitig

ist die Schar der Sommerblumen. Das sind einjährige Pflanzen wie Kosmeen oder zweijährige wie Stiefmütterchen oder Vergissmeinnicht. Um sich an einem bunten Blütenteppich zu erfreuen, braucht man größere Mengen. Das macht die eigene Anzucht sinnvoll.

- **Einjährige** werden im Frühling direkt an Ort und Stelle ins Freie gesät oder im Winter vorgezogen, z. B. auf der Fensterbank. Sie blühen bis in den Herbst hinein und sterben dann ab.
- **Zweijährige** sät man im April/Mai, spätestens im Juli. Sie überwintern als grünes Pflänzchen und blühen im kommenden Jahr. Wenn ihnen ihr Standort behagt, samen sie sich fleißig selbst aus und sind eigentlich immer da. Gerade sie werden gern selbst vermehrt. Es ist das bisschen Mühe wert.

Jetzt wird es praktisch. Genug der Botanik und Theorie. Sie machen aber vieles leichter verständlich. Viele einjährige Sommerblumen kann man direkt dort aussäen, wo sie später wachsen sollen. Die Zeit dafür ist meist, wenn die letzten Fröste vorbei sind, bei der Kosmee April/Mai. Seien Sie großzügig mit dem Samen, Sommerblumen wirken nur in Gruppen. Kleckern ist hier nicht angebracht. Da Kosmeen sehr hoch werden, sollten sie gleich in den Hintergrund gesät werden. Das spart später das Umsetzen. Mit einer dünnen Schicht Erde bedeckt und feucht gehalten, können sie schon in einer Woche keimen.

Um kräftige Pflanzen zu bekommen, werden sie später auseinander gesetzt. Man nennt das »**Vereinzeln**« oder »**Pikieren**«. Möchten Sie, dass es früher blüht, ziehen Sie die Pflänzchen auf der Fensterbank 6–8 Wochen vorher an.

1. **»Säen ist nicht so beschwerlich** wie ernten.« Goethe hat Recht. Die Samen werden, nicht zu dicht, in einen flachen Kasten mit Anzuchterde gestreut.
2. **Winziger Samen** braucht nicht mit Erde bedeckt zu werden. Fein überbrausen. Schildchen nicht vergessen.
3. **Licht und Wärme** sind jetzt wichtig. Mit einer Glasscheibe bedeckt, wird der Kasten jetzt an ein helles Fenster in einem beheizten Zimmer gestellt.
4. **Hurra! Die Pflänzchen sind da.** Die Abdeckung wird entfernt. Sie müssen sich langsam an die raue Wirklichkeit gewöhnen.
5. **Nun sind sie groß genug,** um in kleine Töpfchen mit Blumenerde gesetzt zu werden. Erst wenn diese durchwurzelt sind, darf ausgepflanzt werden.

Richtig pflegen

Gartenpflege fängt beim Boden an.

Das Mulchmaterial verteilt man im Frühjahr oder Herbst mit den Händen.

Ein guter Boden bildet die Grundlage für einen gesunden, üppig blühenden Garten. Auch er will gepflegt sein, und dafür kann man als Gärtner einiges tun. Ideal für alle Gartenpflanzen ist lockere, krümelige Erde. Darin können nicht nur Jungpflanzen gut wachsen. Wasser und Nährstoffe sind dann in einem gesunden Gleichgewicht und stehen den Wurzeln zur Verfügung. Jeder Gärtner versucht daher, diese Bodenstruktur zu erhalten. Man erreicht das durch schonende Bodenbearbeitung und durch ein Bedecken des Bodens, denn offener, also unbedeckter Boden trocknet aus, verkrustet und verklumpt.

Geräte wie dieser Kultivator lockern mit wenigen Handgriffen verkrustete Erde.

TIPP

Schonend lockern lässt sich der Boden mit einem Kultivator. Die kleinen Pfeilspitzen an den Zinken durchpflügen die Erde ohne größeren Kraftaufwand und verhindern Verkrusten und Klumpenbildung. In bereits bepflanzten Beeten is der Sauzahn ideal, der nur einen Zinken besitzt.

Mulchen nennt man das Abdecken des Bodens mit natürlichem Material. Im Garten ist es eigentlich immer zur Hand: Ob Rasenschnitt, gehäckselte Schnittabfälle oder Herbstlaub. Auch gekaufter Rindenmulch oder Stroh eignen sich. Das Mulchmaterial wird einfach mit den Händen auf den Beeten zwischen den Pflanzen verteilt. Und zwar während der Wachstumszeit und im Herbst. Im Frühjahr sollte man den Boden eher offen halten, er erwärmt sich dann schneller, die jungen Triebe wachsen rascher. Auf den gemulchten Flächen bleibt der Boden feucht, geschützt und schön locker. Günstiger Nebeneffekt: Unkräuter werden unterdrückt und kommen kaum auf.

Auch mit Kompost lässt sich »mulchen« Bei dieser »**Flächenkompostierung**« geht es allerdings nicht nur um die Bodenabdeckung, sondern der Kompost zersetzt sich und führt dem Boden dabei wertvolle Nährstoffe und Spurenelement zu. Auch der Mulch wird mit der Zeit abgebaut, doch dauert dies wesentlich länger. Darf es ja auch, denn die Bodenabdeckung soll schließlich auch etwas fürs Auge bieten.

Kompost ist das Gold des Gärtners.

Viele schwören darauf. Was hat es mit dem geheimnisvollen Bio-Stoff auf sich? Tatsächlich verbessern regelmäßige Kompostgaben nicht nur den Boden durch schlichte Humuszufuhr, sie wirken auch Pflanzen stärkend, weil mit dem Kompost unzählige Mikroorganismen zugeführt werden. Diese stabilisieren das lebendige Gleichgewicht im Boden und stärken dadurch auch die Pflanzen, die robuster und weniger krankheitsanfällig werden.

Wie legt man einen Komposthaufen richtig an? Zunächst suchen Sie sich einen geeigneten Platz dafür. Er sollte halbschattig oder schattig sein und nicht gerade direkt im Blickfeld der Terrasse liegen. Nach dem Aufstellen der Miete – so nennt man die zerlegbaren Behälter aus Holz, Kunststoff oder Metall – wird der Haufen aufgebaut. Zuunterst kommt eine Lage grober Gehölzschnitt oder Reisig, dann etwas Gartenerde als »Impfstoff«, und nun Schicht um Schicht das zu kompostierende Material. Aufgebaut wird ein Komposthaufen am besten im Frühjahr. Wichtig: den Haufen nicht austrocknen lassen, sondern ab und an gießen,

Was darf alles

auf den Kompost?

- Alle Pflanzenreste aus dem Garten, ob Zweige vom Auslichten, welke Rosenblüten, abgeschnittene Staudentriebe oder Erd- und Pflanzenreste vom Umtopfen.
- Rasenschnitt kann ebenfalls kompostiert werden – allerdings nur in dünnen Lagen, sonst verklebt und fault er.
- Alle Grün-Abfälle aus der Küche, also Reste von Obst, Gemüse und Kräuter.
- Keine gekochten Speisereste – sie locken gerne Ratten an.

Je nach Ausgangsmaterial und Witterung entsteht nach 3 bis 9 Monaten reifer, krümeliger, gut riechender Kompost – reif zum Ausbringen in den Garten.

Schnellkomposter sind besonders einfach zu handhaben.

Kompostbehälter gibt es in verschiedensten Formen und Ausführungen.

Perfekt geschichtet: Oben frische Gartenabfälle, unten fertiger Kompost.

Der reife Kompost wird locker zwischen den Pflanzen verteilt.

Gießen und Wässern

... müssen sein, wenn der Segen nicht ausreichend von oben kommt. Aber das kann doch nicht so schwer sein! Wieso also extra darüber schreiben? Selten jedoch gibt es so viele Fragen wie beim Gießen. Warum? Wann? Wie viel? Wie oft? Womit? Wieso Töpfe auch bei Regen gießen?...

Die gute, alte Gießkanne – immer noch unersetzlich.

Wasser braucht jede Pflanze. Es ist ihr Lebenselixier – füllt die Zellen und löst Nährstoffe aus dem Boden. Für anspruchsvolle Gartenpflanzen reichen natürliche Niederschläge oft nicht aus. Sie welken. Aber nicht jede Pflanze braucht gleich viel. Ein Lavendel mit schmalen, derben Blättern braucht wenig, die groß- und dünnblättrigen Hortensien viel – ebenso alle neu gesetzten Pflanzen oder die im Regenschatten stehen, dicht an einer Mauer (sie entzieht dem Boden Feuchtigkeit), Wurzelkonkurrenz oder starkem Wind ausgesetzt sind. Der **Wasserverbrauch** variiert auch im Jahresverlauf. Während ihrer Ruhezeit ist eine Pflanze genügsam.

1 m² Garten braucht pro Jahr ca. 300 bis 500 Liter Wasser zusätzlich. Woher nehmen? Das Beste ist immer Regenwasser. Aber besser Leitungswasser als gar keines! Und immer abgestandenes, nicht zu kaltes Wasser – aber kein destilliertes. Die Brause, bei einem Schlauch fein eingestellt und in hohem Bogen verteilt, bewahrt die Pflanzen vor einem Kälteschock.

Weicher bekommt man Wasser, wenn man 2 bis 3 Torfquelltöpfchen (»Jiffy Pots«) einen Tag lang in eine Gießkanne mit Wasser (8 bis 10 l) legt. Man lässt sie drin und füllt wieder mit Wasser auf. Es ergibt ein »Fast-Regenwasser«.

Nie in praller Mittagshitze gießen.

Besser ist vormittags oder abends. Beregnen am Abend spart Wasser. Eine Regel wie »jeden Freitag« gibt es nicht, dazu sind die Bedürfnisse zu unterschiedlich. Und wenn es heißt »3 Kannen Wasser angießen und dann jede Woche«, dürfen natürlich nicht jede Woche wieder 3 Kannen gegossen werden.

Den **Schlauch** an jede Pflanze halten und bis 10 zählen ist für die eine zu wenig, für die andere zu viel. Nie nur ein bisschen

1. **Gartenschlauch einfach und schön.** Sehr leicht ist dieser Spiralschlauch zu handhaben, schon vom geringen Gewicht her (400 g). Ganz von allein zieht er sich wieder auf gut 1 ½ m zurück.
2. **Er ist immer so lang,** wie Sie ihn brauchen – bis 15 m. Mit der variablen Düse lässt sich sehr fein dosieren.

gießen. Das ist Wasservergeudung und schadet den Pflanzen mehr, als es nützt. Die Wurzeln kommen nach oben, um etwas von dem wenigen Nass abzubekommen und vertrocknen in kurzer Zeit. Richtig ist: reichlich, in größeren Abständen und zu günstigen Tageszeiten zu gießen. Das Wasser sollte 20 cm tief eindringen können. Das entspricht einer Menge von 20 l pro m².

Pflanzen in Töpfen brauchen besondere Aufmerksamkeit. Die meisten von ihnen vertrocknen bei Regenwetter. Kurioserweise. Besonders bei kompakten Pflanzen, wie dem Buchs, fließt das Wasser förmlich ab. Es kommt gar nicht bis an die Wurzeln. Zur Abhilfe sollten Sie vorbeugend ab und zu die meist moosbedeckte Oberfläche lockern und Ihre Lieblinge gut im Auge behalten.

So leicht wie möglich sollte das Wässern sein. Für Einzelpflanzen und kleine Gartenteile ist die **Gießkanne** unschlagbar. Obwohl ich wunderschöne Kannen aus Metall habe, greife ich immer zu den einfachen aus Plastik. Sie sind leichter. Allein 10 l Wasser wiegen 10 kg. Und das treppauf, treppab.

Eine automatische Tröpfchenbewässerung spart Zeit und ist leicht zu verlegen.

Ein Gießstab dient der gezielten Bewässerung.

»Endtropfer« versorgen die Pflanzen ganz direkt.

Rosen mögen kein Wasser von oben, denn damit breiten sich Pilzsporen besser aus.

TIPP

Wasserleitungen mit Außenanschlüssen werden abgestellt und entleert, sobald stärkere Fröste angesagt sind. Wasser dehnt sich in gefrorenem Zustand aus. Eine geplatzte Wasserleitung ist nichts Feines. Auch Wassergefäße, ob Vogeltränke oder Regentonne, werden besser geleert. Vorbeugen ist viel leichter, als hinterher die Bescherung in Ordnung zu bringen.

Ohne einen **Gartenschlauch** wird es in den meisten Fällen nicht gehen. Mindestens einen Wasseranschluss brauchen Sie am Haus. Besser sind zwei. Es ist sehr mühsam und alles andere als einfach, einen schweren Gartenschlauch hinter sich herzuziehen. Besonders wenn er ständig knickt und in Kurven Pflanzen absäbelt. So genannte Schlauchpoller sind nur ein schwacher Trost.

Eine Hand voll Dünger reicht für einen Strauch. Man verteilt ihn rundum, so weit die Krone reicht.

Pflanzen düngen

Auf das richtige Maß kommt es an. Zu viel kann fatale Folgen haben. Es kann das Ende einer Pflanze bedeuten. Und zwar das schnelle. Zu wenig kann auch das Ende bedeuten. Aber das geht langsamer. Man sieht es und kann reagieren. »Viel hilft viel« ist hier das falsche Motto. Die meisten Pflanzen in unseren Gärten sterben durch zu viel Dünger. Sparen Sie sich die Arbeit.

Die einfachste Art zu düngen ist, der Natur ihren Lauf zu lassen und sie nicht ständig zu stören. Am besten gedeihen Pflanzen an ihrem Naturstandort, Rhododendren z. B. in den Höhenlagen Asiens. Dort düngt sie kein Mensch. Aber sie bekommen durch das herabfallende Laub höherer Bäume ständig Nährstoffe zugeführt. Das Bodenleben ist um so reichhaltiger, je dichter gepflanzt wird. Und je mehr wir für ein natürliches Gleichgewicht im Boden sorgen, desto weniger Arbeit und Kosten haben wir. Wenn Sie einen klinisch reinen Garten anstreben, in dem ein Regenwurm kein Blättchen mehr findet, das er in die Erde ziehen kann. werden Sie viel Geld für Dünger ausgeben müssen. Durch das Zusammenpflanzen verschiedener Gattungen – also Rose, Clematis, Buchs usw. – wird ein ausgewogenes Verhältnis im Boden gefördert. Unterschiedliche Nährstoffe werden entnommen und wieder zugefügt. »Sie düngen doch bestimmt sehr viel«, bekomme ich immer wieder im Garten zu hören. Das Gegenteil ist der Fall. Meine Pflanzen ernähren sich gegenseitig. Ich dünge nur einmal im Frühjahr, und sonst nur ausnahmsweise.

Es gibt eine breite Palette organischer Dünger, wie Hornspäne, die eine Langzeitwirkung haben, oder Hornmehl, das schneller wirkt. Auch Guano, ein Vogeldünger, gehört dazu.

Laub enthält alle wichtigen Pflanzennährstoffe. Nutzen Sie es reichlich im Winter zum Abdecken des Bodens. Sie müssen es nicht sortieren. Leichtes, dünnes Laub verrottet schneller. Ein Zuviel davon ist kaum möglich. Nur ersticken sollten die Pflanzen nicht darunter.

Meist wird dieser »eigene« Dünger nicht reichen. Man muss »zudüngen«. Ideal ist Komposterde. Aber wer hat schon genügend davon? Ersatzweise gibt es handelsübliche Dünger.

Ein Dünger, egal welcher, ist für eine Pflanze nur in Verbindung mit Wasser verwertbar. Deshalb den Dünger nie direkt auf die nackten Wurzeln, auf die trockene Erde oder bei strahlendem Sonnenschein geben. Und nie das Gießen vergessen. Es sei denn, ein schöner Landregen ist in den nächsten Stunden in Sicht.

Den Dünger sollten Sie nie direkt auf die Erde ausbringen, sondern ihn immer zuerst mit frischer Gartenerde mischen und dann die mit Dünger angereicherte Erde einarbeiten.

Organische Dünger, wie Hornspäne, sind meist kaliarm. Sie sollten zu Beginn der Vegetationsperiode gegeben werden. Während des Wachstums ist es ratsam, mit Kali nachzudüngen. Je grober ein solcher Dünger in seiner Beschaffenheit ist, umso langsamer wirkt er.

Organisch-mineralische Dünger haben ein günstigeres Verhältnis. So lässt sich in einem Arbeitsgang ausgewogener düngen. Sie stellen den goldenen Mittelweg dar.

Mineralische Volldünger bieten den Pflanzen sofort aufnehmbare Nährstoffe. Wie Traubenzucker gehen sie sofort »ins Blut«.

Langzeitdünger sind zeitsparend, müssen aber sinnvoll eingesetzt werden. Es hat keinen Zweck, einer Pflanze im Spätsommer noch einen 6-Monats-Dünger zu geben. Was soll sie damit?

Spezialdünger gibt es für alles, von Rasen bis Rosen. Es sind ausgewogene Mischungen. Ob immer nötig, sei dahingestellt.

Die Zusammensetzung wird auf den Düngerpackungen mit »NPK« angegeben:

N = Stickstoff fördert das Wachstum. Ein Mangel äußert sich durch hellgrünes Laub.

P = Phosphor fördert die Blütenbildung und das Wurzelwachstum. Ein Mangel zeigt sich durch ein schmutzig grünes, später rotgelb verfärbtes Laub.

K = Kali lässt das Holz ausreifen, erhöht die Winterhärte und die Widerstandskraft gegen Krankheiten. Bei Mangel verfärben sich die Blätter vom Rand her braun und verdorren.

Bei einem Verhältnis 20:10:10 überwiegt der N-Anteil. Ein Dünger für das Frühjahr, den Beginn des Wachstums. Bei 10:15:20 überwiegt der K-Anteil. Ideal für den Spätsommer, um gut gerüstet durch den Winter zu kommen. Braucht eine Pflanze einmal »Blühhilfe«, wird phosphorbetont gedüngt.

Düngen Sie im Sommer nicht mehr stickstoffbetont. Die Pflanze käme nicht zur Ruhe, würde neue Triebe hervorbringen, die meist nicht mehr ausreifen könnten. Sie würden im folgenden Winter erfrieren.

Flüssigdünger bitte genau abmessen.

Ein Messbecher ist sicherer als das Augenmaß.

Der Dünger wird flach in die Erde eingearbeitet.

Spezialdünger gibt es für viele Pflanzengruppen.

Schneiden

Abschneiden, ausschneiden, beschneiden –

Erziehungsschnitt, Formschnitt, Frühjahrsschnitt, Kahlschnitt, Pflanzschnitt, Pflegeschnitt, Rückschnitt, Verjüngungsschnitt, Winterschnitt – verwirrender geht es kaum. Bücher könnte man darüber schreiben – hier finden Sie das Wichtigste auf zwei Seiten.

Alte Fruchtstände werden im Frühjahr abgeschnitten.

So viel Gutes man einer Pflanze mit dem Schnitt tun kann – mindestens so viel kann man falsch machen. Obwohl es eigentlich ganz einfach ist. Man muss »nur« wissen, worauf es ankommt. So wunderschön ein artgerecht geschnittener Baum aussieht, besonders im Winter, so schlimm ist der Anblick eines geköpften Baums mit amputierten Ästen. Die typische Form einer Pflanze muss erhalten bleiben. Eine Birke ist nun einmal eine Birke!

Zum richtigen Zeitpunkt richtig geschnitten ist der Idealfall. Meist ist es aber besser, zum richtigen Zeitpunkt falsch zu schneiden als zum falschen Zeitpunkt richtig. Was nützt es, wenn ich den Flieder gut zurückgeschnitten habe – im Frühjahr? Und somit alle Äste, die im Mai hätten blühen wollen, entfernt habe? Hätte ich ihn im Mai/Juni nach der Blüte weniger gekonnt geschnitten, wäre das nicht so tragisch gewesen. Es ist noch kein Meister vom Himmel gefallen.

Das Abschneiden verwelkter Blüten fördert nicht nur bei Rosen neues Blühen.

TIPP

Ob Spaß oder Mühsal mit dem Schneiden verbunden ist, hängt auch vom Werkzeug ab: Garten- oder Rosenschere; Astschere für bis zu 3 cm dicke Zweige; Baumsäge für noch dickere Äste; Teleskopschere für hohe Kletterpflanzen. Und das Beste ist gerade gut genug. Und scharf muss es sein. Sie tun sich und den Pflanzen einen Gefallen.

Warum wird überhaupt geschnitten? **Aus Platzmangel** (der Garten droht zuzuwachsen), **aus optischen Gründen** (ein sauber in Form geschnittener Buchs oder Strauch sieht einfach besser aus) und um der Pflanze Gutes zu tun, sie **zum Blühen und Wachsen anzuregen.** Und um die junge Pflanze **zu erziehen**.

Jeder Schnitt regt das Wachstum an. Je mehr man abschneidet, desto stärker wird die Pflanze wachsen. Das sollte man bedenken, bevor man zur Schere greift. Ein alter Strauch, der keine Augenweide mehr ist, kann auf diese Weise »verjüngt« werden. Leider geht das bei Menschen nicht.

Stauden, wie Phlox oder Rittersporn, und Sommerblumen, wie Levkojen, werden direkt nach der Blüte zurückgeschnitten, damit sie wieder blühen. Dieser Rhythmus »Blüte – Schnitt – Blüte – Schnitt« lässt sich bis zum Herbst durchführen.

Bei Gehölzen (also Bäumen und Sträuchern, besonders bei Rosen) ist es für das richtige Schneiden wichtig zu wissen, ob sie am diesjährigen Holz blühen oder am vorjährigen oder auch am alten.

«**Diesjähriges Holz**« sind Triebe, die im laufenden Jahr wachsen. Hier wird der Rückschnitt im zeitigen Frühjahr vorgenommen, wenn kein starker Frost mehr erwartet wird. Die Triebe aus dem vorigen Jahr können bis auf wenige »Augen« (Triebknospen) zurückgeschnitten werden, denn die Blütenknospen bilden sich an den neuen Trieben. Schmetterlingsstrauch, Hibiskus und öfterblühende Rosen werden im Sommer voller Blüten sein. Wird nicht zurückgeschnitten, ist der Wuchs spärlich, und die Blüten sind klein.

»**Vorjähriges Holz**« sind Triebe aus dem vorigen Jahr, die die Anlagen der Blütenknospen »in sich« tragen. Und im folgenden (also dem laufenden) Jahr blühen. Das sind Frühlings- oder Sommerblüher wie Flieder und »einmalblühende« Rosen (siehe Seite 100 ff.). Sie werden direkt nach der Blüte geschnitten. Schneidet man diese Triebe erst im zeitigen Frühjahr des nächsten Jahres zurück, braucht man sich nicht zu wundern, wenn der Flieder nicht blüht – er konnte nicht blühen.

»**Altes Holz**« sind Triebe, die zwei Jahre alt sind und älter. Auch sie können immer noch blühen. Bei einer Forsythie z. B. blühen zwei- und dreijährige Triebe am üppigsten. Altes Holz wird, wenn es geschnitten werden soll, knapp über dem Boden entfernt. Das meint man mit »bis ins alte Holz zurückschneiden«.

Der richtige Schnitt über einem »Auge«, erkennbar am Austrieb.

»Tote« Zweige zu entfernen gehört zum Auslichten.

Formschnitt gelingt mit einer Akkuschere ganz leicht.

Auslichten heißt, in der Ruhezeit (der Pflanze) alte, schwache und tote Zweige am Boden abzuschneiden. Frühlingsblüher, die am vorjährigen Holz blühen, wie Schneeball, Forsythie und Weigelie, werden **regelmäßig** ausgelichtet; Frühlingsblüher, die an den Triebspitzen blühen (z. B. Flieder), **gelegentlich**; Gehölze, die am mehrjährigen Holz blühen (Berberitze, Perückenstrauch), etwa **alle 5 Jahre**. **Entbehrlich** ist ein Schnitt bei Fächerahorn und Kugelrobinie. **Öfterblühende** Pflanzen, insbesondere Rosen, blühen nur dann öfter, wenn man die verwelkten Blüten abschneidet. Je tiefer man schneidet, desto länger dauert es bis zur nächsten Blüte. Die »tiefer schlafenden Augen« erwachen später.

Pflanzen gesund erhalten – besser vorbeugen als heilen

Solch eine Vielfalt ist die beste Voraussetzung für gesunde Pflanzen.

Pflanzen sind Lebewesen – mit all ihren Bedürfnissen, Wünschen und Reaktionen. Auch wir Menschen sind am liebsten gesund. Und wir können dafür sorgen, dass wir es möglichst bleiben. Bis zu einem gewissen Grad haben wir es selbst in der Hand. Eine Pflanze nicht. Sie ist auf uns angewiesen. Und oft hilflos ausgeliefert. Sie kann nicht weglaufen, wenn ihr der Standort nicht behagt. Wir Menschen brauchen uns ja am Nordpol nicht im T-Shirt aufzuhalten. Und müssen auch kein Sauerkraut essen, wenn wir wissen, dass wir es nicht vertragen.

Gesunde Pflanzen sind widerstandsfähiger gegen Schädlinge und Krankheiten. Kranke und geschwächte Pflanzen werden bevorzugt befallen. Die beste **Vorsorge** ist, für gesunde Pflanzen zu sorgen. Das ist einfacher, als die vielen, oft erfolglosen Rettungsversuche. Eine standortgerechte Sortenwahl und artgerechte Pflege sind Voraussetzungen für das Wohlbefinden einer Pflanze. Getan ist es damit aber noch nicht. Eine Monokultur, z. B. ein reines Rosenbeet, begünstigt das Auftreten von Krankheiten. Die beste Vorsorge ist deshalb eine gute Mischung verschiedener Pflanzengattungen. Unterschiedliche Pflanzen entnehmen dem Boden unterschiedliche Nährstoffe und führen ihm unterschiedliche Nährstoffe wieder zu. Eine einseitige Belastung des Bodens und die daraus folgende Schwächung der Pflanzen wird vermieden.

Eine rege Tierwelt (insbesondere **Vögel**) ist der beste Schutz gegen die üblichen Schädlinge, wie Blattläuse usw. Dabei ist es leicht, Vögel dauerhaft anzulocken. Täglich frisches Trink- und Badewasser und eine abwechslungsreiche Bepflanzung wissen die gestressten Vogeleltern zu schätzen. **Wühlmäuse** möchte man natürlich nicht im Garten haben. Arbeiten Sie oft und intensiv im Garten, das mögen Wühlmäuse gar nicht. Wahrscheinlich ist es ihnen zu unruhig.

Viele Krankheiten und Schädlinge kauft man mit der Pflanze. Auf diese »Zugabe« könnte man verzichten. Schauen Sie sich eine Pflanze gut an, bevor Sie sie kaufen. Und schauen Sie sich vor dem Pflanzen den Wurzelballen an. Es kann Ihnen späteren Verdruss ersparen.

Die Sprache der Pflanzen

können wir nur mit den Augen verstehen. Ihr Wohlbefinden oder ihren Hilfeschrei! Auch wir wirken für einen aufmerksamen Beobachter mit trüben Augen und blasser Haut weniger fit, als wir uns im Moment noch fühlen.

Blätter verfärben sich, verdrehen sich, rollen sich ein, hängen herab. Wichtig ist zu wissen, wie eine gesunde Pflanze aussehen muss, um solche kleinen Veränderungen schon im Frühstadium – dann, wenn man noch helfend eingreifen kann – zu erkennen. Meist ist die Veränderung ein Signal für einen Mangel: an Licht, an Wärme, an Wasser, an Nährstoffen. Manchmal auch für ein Zuviel: an Licht, an Wärme, an Wasser, an Nährstoffen. Hilfe, wer blickt da noch durch! Zu erkennen, dass einer Pflanze etwas fehlt oder nicht gefällt, ist schon nicht leicht. Richtig schwierig ist es, durchaus auch für Fachleute, zu bestimmen, was der Pflanze fehlt oder nicht gefällt. Wenn ein Baby schreit, kann der Arzt auch nicht per Telefon feststellen, ob es Hunger hat, Fieber oder nur Langeweile.

Chlorose lässt die Blätter gelb werden. Nur die Rippen bleiben grün. Sie wird hervorgerufen durch Eisenmangel, zu viel Kalk im Boden ist dafür verantwortlich. Er verhindert, dass die Wurzeln Eisen aufnehmen können. Verzicht auf kalkhaltigen Dünger und Gießen mit Regenwasser kann helfen, oder ein spezieller Eisendünger aus dem Fachhandel.

Chlorose, auch »Gelbsucht« genannt, zeigt sich durch gelbe Blätter.

Unterernährt (zu kleine Blüte), schwach und somit anfällig. Hier war kein wachsames Auge am Werk. Die Arme.

Trotz aller Vorsorge kann ein Befall an Schädlingen oder einer Krankheit auftreten. Wenn man ihn frühzeitig erkennt, lässt sich noch am leichtesten etwas dagegen unternehmen. Absammeln von Blattläusen oder pilzbefallenen Blättern (nicht auf den Kompost!), Abwischen von Rußtau – all das ist möglich und wirksam, wenn es nur frühzeitig genug erfolgt. Man muss nicht gleich mit Kanonen auf Spatzen schießen. Und etwas lockerer sollte man auch das Thema »Läuse & Co.« angehen. Wenn sich auf meinen Ramblerrosen in 10 m Höhe ein paar Läuschen tummeln, stört mich das herzlich wenig – sehen kann ich es sowieso nicht. Ein Streben nach Perfektion macht nur unglücklich.

Wenn Sie

Ihren Boden gut versorgen, vernünftig wässern und ausgewogen düngen, legen Sie den Grundstein für einen gesunden Garten. Biologische Stärkungsmittel – aus Brennesseln oder Ackerschachtelhalm – erhöhen die Widerstandskraft Ihrer Pflanzen.

»Hilfe zur Selbsthilfe« sollte unser Motto sein. Je gesünder die Pflanzen, umso weniger Arbeit hat man mit »Kranken«. Ganz abgesehen davon ist eine gesunde Pflanze ein viel schönerer Anblick. Nur wenn gar nichts anderes mehr hilft, muss man – bevor es zu spät ist – zur Chemie greifen. »So wenig wie möglich, so viel wie nötig.«

Blattläuse, ob schwarz, wie beim Falschen Jasmin, oder grün wie bei Rosen, treten in ganzen Kolonien auf. Sie saugen, entziehen der Pflanze Saft und Kraft. Junge Triebe verkümmern, aber auch Blüten und Früchte. Die klebrigen Ausscheidungen – »Honigtau« – begünstigen den Rußtau . Für Blattläuse anfällige Pflanzen (z. B. Margeriten, Hibiskus) möglichst nicht in Rabatten pflanzen. Läuse mit scharfem Wasserstrahl abspritzen, nur im Notfall Chemie einsetzen.

Spinnmilben haben dieses kunstvolle Gebilde geschaffen. Eigentlich sieht es sehr hübsch aus. Nur, die Pflanze darunter wird ersticken. Spinnmilben leben auf der Blattunterseite, entziehen der Pflanze durch Saugen Kraft und überziehen sie mit einem hauchdünnen Netz. Die Blätter wirken silbrig. Schlechter, verkrusteter Boden ist oft die Ursache. Boden verbessern, wässern, eventuell kalibetont düngen. Im Ernstfall hilft nur ein chemisches Spritzmittel.

Schnecken führen in regenreichen Sommern ein Leben im Überfluss. Sie hinterlassen im Garten widerliche Schleimspuren. Von der Pflanze bestenfalls ein Gerippe – oft nichts. Am besten, Sie schaffen sich Enten an. Oder wenigstens Igel. Nun? Ich helfe mir, indem ich von Schnecken bevorzugte Pflanzen, wie Hosta, »aufaste«: die untersten Blätter so weit entferne, dass kein Laub mehr den Boden berührt. Und vorbeugend Schneckenkorn streue: »Wehret den Anfängen.«

Dickmaulrüssler fressen nachts vom Rand her die Blätter an. Beim allerersten Anzeichen ist Vorsicht geboten. Das Gefährlichste sind die weißen, 1 cm großen, C-förmigen Larven (kleines Bild). Sie bringen es fertig, die Wurzeln einer Pflanze innerhalb kürzester Zeit zu vertilgen. Das ist unwiderruflich das Ende (der Pflanze). Schauen Sie sich vor dem Pflanzen den Wurzelballen genau an. Man hat die Larven immer mitgekauft.

▼ **Rußtau** ist ein hässlicher, schwarzer, klebriger Belag auf den Blättern. Ein Pilz, der sich auf den Ausscheidungen von Läusen ansiedelt. Er befällt viele Immergrüne. In Maßen vorkommend keine Tragödie: Die Blätter einfach mit einem Tuch und warmem Wasser abwaschen. Ein Unterschied wie Tag und Nacht (kleines Bild). Bei größerem Bestand die Pflanze völlig mit Sommeröl (Paraffinöl) einsprühen.

◄ **Mehltau,** ein weißer, mehliger Belag, besonders an jungen Trieben einer Pflanze. Leider auch an Knospen. Wird durch die Luft verbreitet. Wählen Sie einen luftigen Standort. Sorgen Sie bei Kletterpflanzen für genügend Abstand zur Hauswand (20 cm). Lassen Sie Pflanzen nicht zu dicht wachsen. Einige Sorten von Rosen, aber auch von Phlox oder Rittersporn sind sehr anfällig. Kaufen Sie mehltauresistente Sorten.

Keine Panik! »Leicht gesagt«, werden Sie denken. »Wenn meine Pflanzen das alles kriegen – lasse ich besser die Finger davon.« Erstens kriegen es nicht alle. Zweitens nicht alle alles. Nur – wenn eine Pflanze einmal etwas hat, wissen Sie, was es ist. Woher es kommt und was Sie dagegen tun können. Es gibt »tierische« **Schädlinge**: saugende (Blattläuse) und fressende (Schnecken und Larven). Und es gibt »pilzliche« **Krankheiten** (z. B. Mehltau). Eine Austriebsspritzung (siehe Glossar) beugt pilzlichen Erkrankungen vor. Spritzen Sie nur bei bedecktem Himmel und bei Windstille.

► **Sternrußtau,** ein Pilz, der nur auf Rosenblättern vorkommt, zeigt sich durch sternförmige braune Flecken, die größer werden. Danach werden die Blätter gelb und fallen ab. Das Übel tritt bei feuchtem Wetter auf, der Pilz verbreitet sich durch Wasser. Daher: keine Bewässerung von oben. Befallene Blätter entfernen, auch penibel vom Boden aufsammeln. Robuste Rosen kaufen. Chemisch zu spritzen ist keine befriedigende Lösung.

▲ **Rosenrost,** erkennbar an orangefarbenen Pusteln auf der Blattunterseite und gelbbraunen Flecken auf der Oberseite. Der Pilz verbreitet sich bei feuchtem, kühlem Wetter. Die ganze Pflanze wird geschwächt. Es ist mit das Übelste, das man im Garten haben kann, eine Bekämpfung ist kaum möglich. Eine sonnige, luftige Lage und kein Wasser von oben. Manche Rosensorten sind anfällig. Verbannen Sie sie aus Ihrem Garten.

Winterschutz ist Schutz vor Frost und Sonne

Schnee ist der beste Schutz vor Frost. Er darf nur nicht zur Last werden.

Schutz vor dem Winter brauchen die wenigsten Gartenpflanzen. Der Winter ist für sie ein Segen. Die Zeit, um sich auszuruhen: vom Wachsen, Blühen und Fruchten. Um mit neuer Kraft und neuem Elan ins neue Jahr zu starten. Schöpferische Pause würden wir dazu sagen. Ohne Winter kein Frühlingserwachen. Wer nicht schläft, kann nicht erwachen. In südlichen Ländern ist der Frühling nicht halb so schön. Die Frische fehlt.

Einige Pflanzen, wie Flieder und Hosta, brauchen sogar Minustemperaturen, um üppig zu blühen und zu wachsen. Und Frost reduziert das Ungeziefer. In milden Wintern überlebt viel zu viel davon, die Plage im kommenden Jahr ist vorprogrammiert. Alles Gründe, um einem klirrekalten Winter wenigstens als Gartenmensch etwas abgewinnen zu können. Im Winter kann ein Garten zauberhaft aussehen. Mit Raureif überzogene Gehölze, Hagebutten, die wie gezuckert aussehen, wunderhübsch zarte Gräser und selbst die wie Zigarren zusammengerollten Blätter der Rhododendren haben ihren besonderen Reiz. Und hat sich Schnee wie eine wärmende, leichte Decke über den Garten gelegt, ist nicht nur die Stimmung draußen märchenhaft – auch unsere Stimmung ist gehoben. Denn einen so guten Schutz vor Frost können wir unseren Pflanzen nicht bieten. Allerdings muss der Schnee locker und luftdurchlässig sein. Dann ist die isolierende Wirkung groß. Bei wässrigem, schwerem Schnee können Zweige unter der Last abbrechen. Oder auch Immergrüne, wie Eibe oder Buchs, aus der Form geraten. Deshalb: schütteln oder klopfen Sie den Schnee ab.

Leider erfüllt sich der Traum von einem weißen Winter nur selten. Jedenfalls in den meisten Gegenden. Stattdessen werden uns Kahlfröste beschert. Vielleicht noch mit strahlend blauem Himmel? Knochentrocken und eiskalt. Das haben viele Pflanzen gar nicht gern. Und entsprechend traurig sehen sie aus. Ob ihnen der Frost nichts ausmacht, sie sich danach schütteln und wieder »ihren Mann« stehen oder ob sie dahinvegetieren oder es gar ihr unwiderrufliches Ende war – das hängt von der Pflanze ab. Und von uns. Wie wir sie in den Winter schicken.

Empfindliche Gehölze werden in Schilf- und Kokosfasermatten verpackt.

Winterhart ohne Einschränkungen sind die wenigsten Zierpflanzen. Eine Birke treibt jedes Jahr aufs Neue aus, egal, wie kalt und lang der Winter war. Die Pflanzen können Winterhärtetabellen nicht lesen. Ihre Grenzen müssen am jeweiligen Standort getestet werden. Die Winterhärte hängt von vielen Faktoren ab. Das Etikett ist nur einer, und nicht der wichtigste. Ein geschützter Standort, ein guter Allgemeinzustand der Pflanze bei Winterbeginn, gut ausgereiftes Holz durch einen schönen, sonnigen Herbst und kein Dünger mehr in der Ruhezeit – das alles hilft der Pflanze, gut durch den Winter zu kommen. Auch das Tempo der Temperaturveränderung spielt eine Rolle. Ein plötzlicher Temperatursturz wird genauso schlecht verkraftet wie zu schnelles Auftauen. Geht es langsam bergab, werden tiefere Temperaturen vertragen.

Winterschutz bedeutet bei Immergrünen, aber auch bei Rosen in erster Linie

Beetrosen werden erst angehäufelt...

...und dann mit Zweigen abgedeckt.

Immergrüne brauchen eine dicke Laubschicht als Schutz.

Sonnenschutz. So paradox das klingen mag. Wir müssen verhindern, dass ihre Blätter durch die Sonne auftauen. Sie verdunsten Feuchtigkeit, die Wurzeln sind aber noch gefroren. Aus den gefrorenen Wurzeln kann keine Feuchtigkeit aufsteigen. Der Kreislauf ist gestört. Die Pflanze erfriert nicht – sie vertrocknet. Tannenzweige um die Pflanze gestellt oder auch für kurze Zeit eine dünne Gardine locker darüber gelegt, ist völlig ausreichend.

Immergrüne, wie Rhododendren, werden vor dem Frost gut gewässert. Das Laub, das Sie ja nicht weggesaugt haben, wärmt den Boden. Mit Tannenzweigen abgedeckt, kann es sich nicht auf und davon machen. Und sieht hübsch aus. Was in Ihrem Garten Väterchen Frost trotzt und was nicht – haben Sie zu einem großen Teil selbst in der Hand.

Praxistipps...

...für Bäume und Sträucher

Zu dicht stehende Zweige werden entfernt. Mehr Licht kommt an die Triebe, sie blühen üppiger.

Bäumen und Sträuchern etwas Pflege zukommen zu lassen lohnt sich immer. Viel zu oft werden sie gepflanzt – und vergessen. So können sie leider nicht ihre volle Schönheit entwickeln. Wo sie sich doch jedes Jahr anders präsentieren; gewachsen sind, natürlich auch aus der Form geraten können. Ein enormes Potential steckt in ihnen. Wir freuen uns jeden Winter auf das erste Schneeglöckchen, nur – es sieht immer gleich aus. Haben wir uns jemals auf das filigrane Geäst eines Baumes ge-

1.–2. **Vor dem Schnitt** sieht die Forsythie etwas »bauchlastig« aus. Altes Holz wurde entfernt. Die langen neuen Trieb bleiben stehen.

3.–4. **Der Schmetterlingsstrauch** wird im Herbst nach der Blüte geschnitten. Im Frühling kürzt man die Triebe aus dem vorigen Jahr nochmals ein.

freut, wenn die Blätter gefallen sind? Und das ist schade.

Richtiges Schneiden

entscheidet über:

- das gute Aussehen von Bäumen und Sträuchern
- ihre Gesundheit
- Blüten- und Fruchtansatz.

Blütengehölze wie Schneeball und Weigelie werden regelmäßig ausgelichtet. So erhält man viel junges Holz, das Kraft zum Blühen hat. Schneiden (siehe Seite 64 ff.) gehört neben der Bodenpflege zu den wichtigsten Arbeiten im Garten. Und man sieht den Erfolg. Beim Schneiden sogar unmittelbar danach. Der Schnitt »ins alte Holz« verkleinert zu groß und aus der Form geratene Sträucher. Sie fühlen sich danach jung, voller Energie und Tatendrang.

Große Äste müssen abgesägt werden. Das ist für den Baum eine größere Verletzung. Ersparen Sie ihm unnötiges Leid. Die Säge **muss** sauber sein. Lassen Sie keine Stümpfe stehen. So genannte Kleiderhaken sind kein ästhetischer Anblick. Sie faulen auch ab und übertragen Krankheiten auf das gesunde Holz. Es ist leichter, größere Äste stückweise abzusägen. Größere Wunden (von Bäumen) werden mit einem Wundverschlussmittel (bestrichen. Es verhindert, dass Feuchtigkeit und zerstörende Pilze eindringen. Es fördert die Heilung wie ein Pflaster. Allerdings kann Feuchtigkeit, wenn sie schon drin ist, auch nicht raus.

Trockene Blütenstände von z. B. Hortensien schneidet man im Frühjahr ab.

Altes Holz wird direkt über dem Boden entfernt.

Zu dicht stehende Äste sägt man nahe dem Ansatz ab.

Baumwachs verschließt die entstehende Wunde.

Ein artgerechter Baumschnitt erfordert Können, Erfahrung und die richtigen Werkzeuge. Bei großen Bäumen, besonders solchen mit Solitärstellung, ist zu überlegen, ob man die Arbeit nicht besser Fachleuten anvertraut. Ich habe damit nur gute Erfahrungen gemacht.

Eine »Baumscheibe« dagegen lässt sich leicht selbst anlegen. Das macht Spaß. Und Sie können nach Lust und Laune kreativ werden. Gemeint ist nicht ein Baumstumpf – sondern der Bereich auf dem Boden unter der Krone des Baums.

Praxistipps für Hecken

Eine formale Hecke – richtig geschnitten ist sie unten breiter als oben.

Wieder einmal ist es in erster Linie der Schnitt, der aus einer Hecke eine gepflegte Hecke macht. Und dazu gehören scharfe Scheren. Für eine junge Hecke genügt eine Gartenschere. Ist die Hecke gewachsen, braucht man eine Heckenschere. Und für eine sehr lange Hecke eine elektrische Heckenschere.

Aber erst muss aus kleinen Pflänzchen eine Hecke werden. Eine gut aufgebaute Hecke ist unten so dicht wie oben. Und unten breiter als oben. Nicht selten sieht man Hecken, besonders von Hainbuchen, bei denen es genau umgekehrt ist. Schuld daran ist ein falscher oder überhaupt kein Rückschnitt nach dem Pflanzen.

Im Pflanzjahr darf die junge Hecke nicht unter Wassermangel leiden. Sonst könnte es passieren, dass es ihr erstes und letztes Jahr war. Während eines trockenen Sommers muss sie mindestens alle zwei Wochen gründlich gewässert werden. Eine Mulchschicht aus altem Laub des Winters oder aus Grasschnitt hilft, die Feuchtigkeit zu halten. Besonders Immergrüne sind im ersten Winter durch starken Frost und Wind gefährdet. So paradox es klingt: Eine Hecke, der beste Windschutz für andere Pflanzen, braucht im ersten Winter selbst einen Windschutz. Geeignete Matten gibt es im Fachhandel.

Die Seite wird geschnitten. Dabei die Heckenschere möglichst gleichmäßig von unten nach oben führen.

Eine gespannte Schnur erleichtert den Schnitt auf eine gleichmäßige Höhe.

Im ersten Frühling nach dem Pflanzen wird ausgewogen gedüngt. Sobald die gewünschte Höhe erreicht ist, braucht eine Hecke weniger Dünger. Pflanzen in Hecken wachsen ungewöhnlich nah beieinander. Sie sind in ständigem Konkurrenzkampf um Platz, Licht, Wasser und Nährstoffe. Der Schnitt regt sie an, dauernd zu wachsen. Das kostet Kraft und ein bisschen Fürsorge.

Eine gut gepflegte Hainbuchenhecke bietet auch im Winter Sichtschutz.

Niedrige Hecken, z. B. aus Buchs, müssen besonders akkurat geschnitten werden. Ohne Richtschnur kommt man hier kaum aus.

Immergrüne Hecken können Laubhecken sein (Buchs) oder aus Nadelgehölzen bestehen, wie Thuja oder Eibe. Gut gepflegt, sind sie immer grün. Alle neigen dazu, unten kahl zu werden. Bei einer jungen Eibenhecke oder einer Hecke aus anderen Nadelgehölzen werden im Frühjahr, Sommer und Herbst die Seitentriebe eingekürzt, damit sie sich schön verzweigt. Der Haupttrieb in der Mitte wird erst gekürzt, wenn die gewünschte Höhe erreicht ist. Das ist wichtig! Später wird die Hecke oben etwas schmaler geschnitten als unten. So kommt Licht auch an den unteren Teil, die Zweige verkahlen nicht. Außerdem wird diese Form nicht durch Schneemassen oder starken Wind zerstört.

Die Königin unter den Hecken ist aus meiner Sicht die **Eibe**. Sie wächst relativ langsam, ca. 20 cm pro Jahr. Bei einer ausgewachsenen Eibenhecke reicht ein einziger Schnitt im Hochsommer, und sie sieht einigermaßen gepflegt aus. **Buchs** und **Thuja** bzw. Scheinzypresse dagegen sind raschwüchsiger, sie brauchen zwei Mal im Jahr eine Korrektur, um ordentlich auszusehen.

Sommergrüne Hecken sind nur im Sommer grün. Sie werfen früher oder später ihr Laub ab (die Hainbuche oft erst im zeitigen Frühjahr). Bei ihnen muss nach der Pflanzung der Haupttrieb stark gekürzt werden. Das tut weh. Aber nur uns. Wenn nicht am Anfang geschnitten wird, kann sie nie zu einer buschigen Hecke werden. Lassen Sie vom jährlichen Neutrieb nur die Hälfte stehen, höchstens 25 cm.

Trotz Sommerschnitt werden sie jedes Jahr um einige Zentimeter höher und breiter. Wenn Sie das nicht möchten, müssen Sie zusätzlich ca. 30 cm entfernen. Milde Wintertage eignen sich am besten dafür. Zur guten Pflege gehört jeweils ein Schnitt im Juni (sobald nistende Vögel ausgeflogen sind) und einer im August.

Blühende Hecken wachsen nicht nur lockerer – man nimmt es auch lockerer. In ihrem ersten Frühjahr werden sie in ihrer Höhe halbiert. Danach reicht es, sie alle 2 bis 3 Jahre auszulichten. Wenn Sie schneiden: direkt nach der Blüte.

Alte, vernachlässigte Hecken müssen nicht »entsorgt« werden. Es wäre auch eine teuflische Arbeit, sie auszugraben. Versuchen Sie es mit einer Renovierung. Eine Wohnung wird man wahrscheinlich auch sanieren und nicht gleich das ganze Haus abreißen. Das vertragen aber nur Laubgehölze und Eiben gut. Diesen **Verjüngungsschnitt** führt man bei Immergrünen Ende Mai/Anfang Juni durch, bei Laubgehölzen im Winter während der Ruhezeit. Das sieht anfangs grauenhaft aus. Aber gut gedüngt und gut gewässert werden sich die Patienten schnell erholen. Nach 2 bis 3 Jahren lässt sich mit etwas Glück schon wieder von Hecke sprechen. Versuchen Sie es erst mit einer Längshälfte. Funktioniert das, kommt im nächsten Jahr die andere Seite an die Reihe. Schnittabfall lässt sich zur Bodenbedeckung oder für den Kompost verwenden. Schön ist, wenn man »Grenz-Hecken« auch von der Nachbarseite aus schneiden kann.

Ist eine Hecke unrettbar verkahlt, kann man das »Loch« mit Kletterpflanzen oder einer Ramblerrose verdecken.

Praxistipps für Rosen

Aller guten Dinge sind drei: Schneiden – Nährstoffe – Liebe. Ja, um schöne Rosen zu haben, muss man sie lieben. Die »Königin der Blumen« möchte auch wie eine Königin hofiert werden. Das Allerwichtigste ist jedoch, wie so oft, der richtige Schnitt. Nur so kann eine Rose das geben, wozu sie in der Lage ist.

Das Verwirrende ist, dass die unterschiedlichen Gruppen von Rosen auch unterschiedlich geschnitten werden wollen. Hinzu kommt der Verwendungszweck. Viele Möglichkeiten und noch mehr Meinungen. Ich versuche, es ganz einfach für Sie zu machen.

Einmalblühende Rosen, wie 'Mme Hardy', blühen einmal im Jahr, etwa 4 bis 6 Wochen lang. Sie werden im Sommer nach der Blüte ge-

1. **Beetrosen** im Frühjahr scharf zurückschneiden.

2.–3. **Bei Strauchrosen** sich störende Triebe auslichten, dann kann sich die Rose besser entwickeln.

4.–5. **Öfterblühende Rose** vor und nach dem Schnitt. Auch hier auslichten, außerdem stärkere Triebe einkürzen.

schnitten, bilden neue Triebe, die im nächsten Jahr blühen. Sie blühen »am vorjährigen Holz«.

Öfterblühende Rosen, wie 'Schneewittchen', blühen mehrmals im Jahr. Aber nur, wenn die verwelkten Blüten regelmäßig abgeschnitten werden; und zwar bis zum ersten voll entwickelten Blatt. Schneidet man weiter zurück, muss man länger auf neue Blütenknospen warten. Im zeitigen Frühjahr kürzt man alle Triebe ein und entfernt totes und krankes Holz. Achten Sie darauf, dass eine schöne, gewölbte Form entsteht. Nun bilden sich neue Triebe, die noch im gleichen Jahr blühen. Schneiden Sie zu früh im Jahr zurück, kann der Neuaustrieb bei Spätfrösten erfrieren, und Sie müssen nochmals zurückschneiden. Die Rose blüht entsprechend später.

Kletterrosen

könnten so schön sein – wenn sie richtig geschnitten würden. Was leider zu selten der Fall ist. Wie oft blühen sie zwar im 2. Stock, aber unten? Das Wachstum der langen Triebe muss früh unterbrochen werden, damit sich unten blühwillige Seitentriebe bilden. Bei **öfterblühenden Kletterrosen**, wie 'Golden Showers', müssen zusätzlich die verwelkten Blüten herausgeschnitten werden (siehe oben). Im zeitigen Frühjahr schneidet man alle Seitentriebe bis auf 2–3 Augen zurück. Für eine dichtere Mitte darf mehr stehen bleiben. Lücken werden mit geeigneten Trieben geschlossen. Lassen Sie keine Triebe hinter das Klettergerüst wachsen. Binden Sie junge Triebe dicht über dem Boden fest. Und ziehen Sie die Rose fächerförmig nach oben. Das sieht selbst im Winter dekorativ aus.

Längst nicht so schön wäre dieses Haus ohne die gut gezogene Rose.

Bei öfterblühenden (Kletter)Rosen muss man die verwelkten Blütenbüschel entfernen, sonst lässt die Blüte bald nach.

TIPP

Das ist Ihnen alles zu viel? Dann kaufen Sie sich eine Ramblerrose, wie 'Bobbie James', und lassen sie einen Baum hochklettern. Sie schafft das mühelos. Und außer ein bisschen Starthilfe ganz ohne Ihr Zutun. Vergessen Sie alle Schnittmaßnahmen. Sie braucht keinen Schnitt – nur viel Platz. Und freuen Sie sich jedes Jahr auf eine wahre Blütenwolke.

Dieser hellgrüne Wildtrieb muss entfernt werden, sonst überwächst er im Nu die ganze Rose.

Praxistipps für Stauden und Sommerblumen

Wer schön sein soll und ja auch will, darf nicht leiden müssen. Von diesen fleißigen Blühern wird eine Höchstleistung erwartet.

Vor dem Austrieb im Frühjahr wird alles Trockene entfernt.

Dazu brauchen sie Kraft und unsere Unterstützung. Sie werden uns nicht auf Knien danken, sondern hocherhobenen Hauptes – und glücklich lächeln. Das zu erreichen ist nicht schwer.

Stauden sind **Dauergäste** in unserem Garten (siehe Seite 30). Damit sie aber zuverlässig jedes Jahr wiederkommen, prächtig aussehen und nicht von ihren eigenen Sämlingen überwuchert werden, bedarf es einiger Pflege. Pflegeleicht ist eine gelungene Staudenpflanzung nicht. Aber man kann sich die Pflege leicht machen.

Wenn sie durch die Blütenlast übergewichtig werden, müssen sie gestützt werden. Das ist bei hohen Stauden wie dem Rittersporn nötig. Die Schere ist bei Stauden wichtiger als die Düngung. Ein zeitiger **Rückschnitt** nach der ersten Blüte veranlaßt viele, wieder zu blühen. Das wollen wir ja erreichen. Die Blütenstängel werden dazu dicht

Der Rückschnitt für eine zweite Blüte erfolgt dicht über dem Boden.

TIPP

Die Blütezeit verlegen kann man erfolgreich bei Stauden wie Phlox oder Sonnenbraut. Schneidet man den Stängel mit den Blütenknospen auf 10 cm zurück, erscheinen die Blüten Wochen später. Das ist nicht ganz fair der Pflanze gegenüber. Doch ein prächtig blühender Garten ist schöner als ein traurig aussehender, wenn wir von einer Reise heimkommen.

1. **Staudenstützen** brauchen hohe Stauden wie Rittersporn oder Sommerblumen wie Kosmeen.
2. **Angebunden** werden hohe Einzeltriebe z. B. mit Bast.
3. **Bambusstäbe** stützen schwere Pfingstrosenblüten.
4. **Ein Obelisk** gibt Kletterkünstlern Halt.

(ca. 10 cm) über dem Boden abgeschnitten. Auf diese Weise blüht Ihr Rittersporn oder auch die Katzenminze noch im Oktober.

Nur die Blütenstände

werden bei Akelei, Astilbe, Sonnenauge oder Pfingstrosen herausgeschnitten. So können wir uns auf eine gute Nachblüte freuen. Im Herbst können Sie einige Blütenstände vor der Schere verschonen. Sie sehen im winterlichen Garten sehr dekorativ aus.

Die ausgegrabene Staude wird mit dem Spaten geteilt.

Aus eins mach zwei. Vorsicht bei fleischigen Wurzeln!

Mit den Händen lässt sich faseriges Wurzelwerk leicht auseinander ziehen.

Vermehren und gesund erhalten

– zwei Fliegen mit einem Streich. Erstens bekommt man neue Pflanzen aus Samen. Das ist spannend. Wir wissen nie, was uns erwartet. Oder durch Stecklinge und Teilung. Hier können wir sicher sein, dass wir dieselbe Sorte erhalten. Zweitens werden Stauden oft nach einigen Jahren »müde«, also blühfaul. Die **Teilung** ist eine Verjüngungskur. Geteilt wird vor dem Austrieb, nach der Blüte oder im Frühherbst. Zwiebelblumen, wie Schneeglöckchen, werden nach ca. 10 Jahren zu groß und lassen in der Schönheit nach. Sie werden im Juni/Juli ausgegraben und geteilt.

Beetlücken sind nicht schön. Aber sie lassen sich schließen – durch Nachpflanzen aus eigenem Bestand.

Will man kräftige Pflanzen haben, muss man das Verblühte abschneiden. Dadurch werden sie angeregt, immer wieder zu blühen. Eigentlich ein Betrug an der Pflanze. Ihr Ziel ist es, Samen zu bilden. Unseres ist ein anderes: ein Garten voller gesunder, schöner und üppig blühender Pflanzen – die unser Herz erfreuen.

Die besten Pflanzen für Garten-Anfänger

Kleine und große Stars, für kleine und größere Gärten – alle ganz einfach zu pflegen und ohne Star-Allüren.

Hecken

Schützen nicht nur vor Wind und fremden Blicken

Sie schützen auch vor Lärm (jedenfalls große Hecken) – beherbergen Insekten und kleine Tierchen und sind der ideale Unterschlupf und Nistplatz für Vögel – verbergen hässliche Dinge (wie Mülltonnen, Geräteschuppen usw.) – können die Durchschnittstemperatur im Garten um 1–2 °C gegenüber den Nachbargärten anheben – schirmen uns von der Außenwelt ab und geben uns ein Gefühl der Geborgenheit.
Eine Hecke kann denselben Zweck erfüllen wie eine Mauer. Aber sie ist etwas Lebendiges! Das wiederum erfordert Pflege, mehr oder weniger. Auch braucht eine Hecke mehr Platz. Sie wird wesentlich breiter. Aber sie lebt! Leider gibt es viel zu wenig Hecken.

Liebäugeln Sie mit einer Hecke? Dann sollten Sie viel spazieren gehen. Schauen Sie sich in Ihrer Gegend Hecken an. Passen sie in die Umgebung? Sehen sie gesund aus? Dann fühlen sie sich an ihrem Standort wohl. Können Sie sich eine Hecke, die Ihnen gefällt, in Ihrem Umfeld vorstellen? Klingeln Sie ruhig einmal bei anderen Gartenbesitzern. Die meisten sind sehr hilfsbereit, wenn es nicht gerade in der Mittagszeit ist. Eine Hecke ist eine Investition, die nicht alle Tage gemacht wird. Deshalb ist es gut, sich genau zu informieren. Und wenn man danach nur weiß, was man **nicht** möchte.

Als **reizvolle Kulisse** für andere Pflanzen – als ganzjähriger Schmuck im Garten – als optische Unterteilung – sogar als Schönheit für sich aus Strauchrosen – es wäre schade, wenn Hecken nur eine Funktion hätten. Bei so vielen Möglichkeiten!

Eine formale Hecke kann als Raumteiler dienen und als ruhiger Hintergrund.

Formal (streng) oder naturnah (frei wachsend) ist die wichtigste Unterscheidung. Eine **formale Hecke** wird geschnitten. Dabei sind verschiedene Formen möglich. Als Raumteiler in einem kleinen Garten wirkt eine grüne »Wand« sehr wuchtig. Eine Öffnung als Durchgang oder »Guckloch« sieht hübsch aus und weniger massig. Eine formale Hecke tritt viel mehr in den Hintergrund. Ist Kulisse. Eine **naturnahe Hecke** wird nur wenig oder gar nicht geschnitten. Das Lockere macht ihren Reiz aus, mit überhängenden Zweigen, mit Blüten und Früchten. Sie ist heiter, lustig, alles andere als streng. Aber sie braucht auch wesentlich mehr Platz.

Es gibt Hecken für jede Situation, jeden Geschmack und jeden Geldbeutel.

- **Naturhecken** passen in ländliche Gegenden. Wo Garten und Landschaft sich nicht trennen lassen. Hier sind Hainbuchen am richtigen Platz. Aber auch Holunder oder Weißdorn. Sie können ja auch schon vorhanden sein. Selten übernimmt man ein völlig leeres Grundstück. Dazwischen gepflanzte Stauden, wie Glockenblumen, Fingerhut oder auch Akelei, sehen reizend aus.
- **Blütenhecken** kommen auch für kleinere Gärten in Frage. Obwohl sie immer noch recht viel Platz in Anspruch nehmen. Sie brauchen zumindest eine »sonnige Seite«. Wer Gelb mag, nimmt Forsythien, Falscher Jasmin blüht weiß, Weigelien rosa. Und auch Flieder eignet sich, in Weiß und Lila, sogar in Gelb und Rosa. Geschnitten wird nach der Blüte. Ich würde auch Immergrüne dazwischenpflanzen. Sie sorgen für den Winteraspekt.
- **Immergrüne Hecken** sind die klassische Form. Sie werden in der Regel geschnitten. Von Scheinzypresse und Lebensbaum gibt es Sorten, die säulenförmig wachsen und wenig Schnitt brauchen. Eibe als Nadelgehölz, Liguster und Kirschlorbeer als Laubgehölze werden für höhere Hecken verwendet. Sie sind schattenverträglich und in ihrer Wirkung sehr unterschiedlich.
- **Einfassungen** von Vorgärten oder Wegen sollten niedrig sein. Buchs, Lavendel und Berberitze bieten sich für unser Klima an.

Leuchtende Forsythien bestimmen im Frühling das Bild dieser Blütenhecke.

Die ideale Hecke wächst zunächst in einem rasanten Tempo wie Kresse in die Höhe. Oben angekommen, bleibt sie so ohne jeglichen Schnitt. Der einzige Nachteil ist, dass es so eine Hecke nicht gibt.

Die am schnellsten wachsende und billigste Hecke ist aus **Liguster.** Sie sieht allerdings nur gepflegt aus, wenn sie etwa einmal im Monat geschnitten wird, und ist im Winter mehr braun als grün. Bei **Kirschlorbeer** ist es ratsam, nicht so oft zu schneiden. Obwohl ich generell den großblättrigen Kirschlorbeer schöner finde, ist der kleinblättrige Liguster für eine Hecke, die geschnitten wird, geeigneter. Durchgeschnittene Blätter sind kein optischer Hochgenuss.

Die beste Heckenpflanze ist für mich die **Eibe.** Sie wächst langsam, braucht nur einmal im Jahr geschnitten zu werden, ist ein idealer Hintergrund, lässt anderen Pflanzen den Vortritt, kommt mit 30 cm Breite aus und kann bei richtiger Pflege uralt werden. So viele Vorzüge haben allerdings ihren Preis. Kaufen Sie deshalb kleine Pflanzen. Groß werden sie von allein. Idealerweise sieht eine Hecke aus beispielsweise acht Eiben nach einiger Zeit aus wie eine einzige Pflanze. Solch eine Reihe gleicher Pflanzen, unnatürlich dicht beieinander stehend, darf auch einige Ansprüche an den Boden haben. Das beginnt mit einem guten »Graben« voll guter Erde (siehe Seite 48 ff.). Wir möchten ja, dass die Pflanzen schnell wachsen. In den ersten Sommern regelmäßig wässern. Doch Vorsicht im Winter! Gerade Eiben brauchen eine gute Drainage (siehe Glossar). Sie haben Wurzeln, keine Schwimmflossen. Der Tod durch Ertrinken wäre zu schade.

Berberitze
(Berberis thunbergii)

⬆ 1,5–2 m ✿ 5 ○–◑

Äußerst robustes und schnittverträgliches Heckengehölz, häufig als Vorgarten-Abgrenzung verwendet.
Wuchs: Sommergrüner, stark verzweigter Strauch mit spitzen Dornen und kleinen, eiförmigen Blättern, bis 2 m breit, als Schnitthecke 50–80 cm hoch.
Blüte: Klein, gelb, süß duftend, im Herbst längliche rote Beeren.
Standort: Wächst auf jedem Gartenboden, verträgt auch Trockenheit gut.
Pflege: Braucht kaum Pflege, Schnitt nach der Blüte (Handschuhe tragen!), gelegentlich überalterte Triebe entfernen.
Tipps: Beliebt bei Bienen (Blüten) und als Vogelschutzgehölz. Schöne orangerote Herbstfärbung.

Sorten: 'Atropurpurea' (Blut-Berberitze), rotlaubig, ebenfalls häufig gepflanzt, sonst wie die Art; 'Atropurpurea Nana', nur 40–60 cm hohe Zwergform.

Buchsbaum
(Buxus sempervirens)

⬆ 2–4 m ✿ 4–5 ○–◑–●

Ideal als niedrige bis mittelhohe Schnitthecke und Formgehölz, überzeugt durch sein stets sauberes, dichtes Laubkleid.
Wuchs: Immergrün, dicht verzweigt mit ledrigen, kleinen, elliptischen, gewölbten Blättern und herbem Duft.
Blüte: Gelb, klein und unscheinbar.
Standort: Normaler, kalkhaltiger Gartenboden, für sonnige oder schattige Lagen, sehr gut auch im Kübel.
Pflege: Außer dem Schnitt kaum weitere Pflege. Vorsicht, das Laub ist giftig! Kübelgehölze im Winter etwas geschützt (Hauswand) stellen.
Tipps: Junge Pflanzen schon ab Frühjahr und häufig schneiden, ältere nur vorsichtig an grünen Trieben. Bei endgültiger Schnittform nur noch im Sommer (Juni) schneiden.

Sorten: 'Suffruticosa', Einfassungs-Buchs, nur 60 cm, beste Sorte für niedrige Hecken.

Hainbuche
(Carpinus betulus)

⬆ 5–20 m ✿ 4 ○–◑–●

Aufgrund seiner Schnittverträglichkeit seit alters beliebter Baum für Formhecken und Einfriedungen.
Wuchs: Sommergrüner Laubbaum mit tief ansetzender Verzweigung und buchenähnlichem, frischgrünem Laub, das auch im Winter lange ziert. Als Schnitthecke 100–300 cm hoch.
Blüte: Blassgelbe Kätzchenblüten, später hängende, geflügelte Nüsschen.
Standort: Wächst auf allen Böden, bevorzugt tiefgründigen Lehmboden.
Pflege: Tiefwurzler, braucht keine Pflege, kann fast ganzjährig geschnitten werden.
Tipps: Schöne gelbe Herbstfärbung. Für dichte Hecken zweimal jährlich schneiden (Juni und Februar).

Scheinzypresse
(Chamaecyparis lawsoniana)

⬆ 4–8 m ✿ 4 ○–◑

Die »Thuje« (fälschlich) ist der wohl häufigste Baum für immergrüne Heckenwände.
Wuchs: Schlank, kegelförmig mit kleinen schuppenförmigen Nadeln an abgeflachten Trieben. Rasch wachsender Flachwurzler, als Schnitthecke 150 bis 300 cm hoch.
Blüte: Unscheinbar, anschließend kleine, kugelige Zapfen.
Standort: Robuster, anspruchsloser Baum, kommt mit jedem Boden zurecht.
Pflege: Schnitt ganzjährig möglich, jedoch immer nur die grünen Spitzen schneiden! Schnitt ins alte Holz bewirkt Verkahlung, die sich nicht mehr schließt.
Tipps: Alle Teile sind giftig!

Sorten: 'Columnaris', die Blaue Säulenzypresse, 4–8 m, blaugrüne Nadelschuppen, sehr beliebt; 'Stewartii', gelbnadelig.
Weitere Art: Ähnlich verbreitet und schnittfest ist die **Thuje** bzw. der Lebensbaum *(Thuja occidentalis)* in der Sorte 'Brabant', mit grünen Nadelschuppen, Schnitthöhe 80–250 cm.

Liguster
(Ligustrum vulgare)

⬆ 3–4 m ✿ 6–7 ○–◑–●

Schnittverträglich, auch im Winter grünes, attraktives Laubgehölz – was will man mehr?
Wuchs: Aufrecht wachsender, wintergrüner Strauch mit lanzettlichen Blättern in tiefem Dunkelgrün, als Schnitthecke 80–150 cm.
Blüte: Klein, cremeweiß, duftend, in schlanken Rispen. Schwarze Beeren.
Standort: Vielseitig und anpassungsfähig, auf trockeneren wie feuchteren Böden, bevorzugt kalkhaltiges Substrat.
Pflege: Anspruchslos.
Tipps: Liguster ist in allen Teilen schwach giftig.

Sorten: 'Atrovirens' wird am häufigsten angeboten, Blätter dunkler grün, länger haftend.

Eibe
(Taxus baccata)

⬆ 5–10 m ✿ 3–4 ○–◑–●

Beste Schnittverträglichkeit und dichtes, dunkles Grün kennzeichnen diesen edlen langlebigen Nadelbaum.
Wuchs: Aufrechter, buschiger kleiner Baum, der sich gut verzweigt, langsam wächst und auch im Schatten problemlos gedeiht, mit tief dunkelgrünen Nadeln. Als Schnitthecke 100–200 cm.
Blüte: Unscheinbar, rote beerenartige Früchte mit hochgiftigem Kern.
Standort: Frische bis feuchte, kalkhaltige Böden wählen, auf trockener Erde besteht im Winter bei sonnigen Standorten Austrocknungsgefahr.
Pflege: Eiben können beliebig in Form geschnitten werden und eignen sich ähnlich wie Buchs auch für geometrische Formen und Figuren.
Tipps: Verdichtete Böden meiden.

Bäume & Sträucher

Die »Höhepunkte« in jedem Garten

Kein Garten ist zu klein für einen Baum. Es kommt nur auf die Größe an: des Gartens und des Baumes. Und es gibt Bäumchen, wie die Zuckerhutfichte. Sie bleibt ein Bäumchen ganz ohne Schnitt.

Ein einziger Baum kann einen Garten prägen. Oft legt er sich aber erst nach Jahren sein charakteristisches Aussehen zu. Er muss sich erst besinnen, was er werden soll. Meist wird nur auf die Höhe geschaut. Vergessen Sie nicht die Breite der Krone! Vom »Einzugsbereich« der Krone (ihren Wurzeln, ihrem Schatten, ihrem Schutz) hängt das Wohlergehen anderer Pflanzen ab. Was immer sonst im Garten gepflanzt wird, Bäume geben den Ton an.

Kugel-Robinien sind dekorative kleine Bäume, die selbst in kleinen Gärten nicht erdrückend wirken.

Viele Hausbesitzer geben sich die größte Mühe mit der Rasenpflege vor dem Haus. Möchten sie den Verkehr besser sehen und hören? Kleine Bäume und Sträucher sind interessanter – zugleich Schall- und Sichtschutz. Kalkulieren Sie auf jeden Fall die endgültige Größe ein, und die Lichtverhältnisse in der dahinter liegenden Wohnung.

Die große Entscheidung: »Was nehme ich?«, braucht ihre Zeit. Machen Sie sich eine **Checkliste.** Größe – Form – Laubfarbe im Sommer und Laubfärbung im Herbst – Blütenfarbe und Blütezeit – Winteraspekt – Wuchsschnelligkeit. Und lassen Sie sich beraten. Ein Baum, der schnell wächst, hat auch die gierigsten Wurzeln. Blüten in Hülle und Fülle über drei Wochen – und dann? In einem kleinen Garten ist ein Auftritt nicht genug, und mag er noch so spektakulär sein. Und bedenken Sie auch das herabfallende Laub.

Ein halbes Jahr lang ohne Laub sind Bäume und Sträucher, wenn es keine immergrünen sind. Eine schöne Wuchsform sieht auch »nackt« schön aus. Und die leuchtend roten Zweige von *Cornus alba* 'Sibirica' sind mitten im Winter eine Attraktion. Seine jungen Triebe sind am kräftigsten gefärbt. Schönes, dunkelgrünes Laub. Cremeweiße Blütendolden im Frühsommer. Danach rundliche, weiße Beeren. Dieser Hartriegel hat das ganze Jahr über etwas zu bieten. Er ist eines kleinen Gartens würdig. Die hier ausgewählten Pflanzen haben alle nicht »nur einen« Vorzug.

Bäume haben einen Stamm, Sträucher mehrere dicke Triebe gleich vom Boden aus. Oft ist aber der Übergang fließend und zwischen Baum oder Strauch nicht klar zu unterscheiden.

Bäume können in Ihrem Garten ja schon vorhanden sein. Auch dann ist ein Aspekt zu wenig. Vor der Axt steht auf jeden Fall die Möglichkeit, den Baum aufzuwerten (durch Kletterpflanzen, schönen Schnitt oder Unterpflanzung).

Hier geht es jedoch ums Neupflanzen. Einer der elegantesten und dekorativsten »Kleinen« ist die Kugelrobinie 'Frisia'.

Vom Frühjahr bis zum Herbst bringt sie mit ihrem sattgelben Laub Sonne in den Garten. Auch der Japanische Ahorn leuchtet an trüben Herbsttagen in Gelb, Orange oder Rot – je nach Sorte. Und wenn noch die Sonne darauf scheint! Dagegen überrascht die Ahorn-Sorte 'Flamingo' mit ihrem Farbenspiel im Sommer. Das Rosa in den grünen Blättern wird weiß. – Zierkirschen haben viel Schönes zu bieten: Wuchs, Blattaustrieb, Herbstfärbung. Ausgesucht werden sie aber nach ihren traumhaften Blüten – ob in Rosa oder Weiß, einfach oder gefüllt.

Sträucher, die nacheinander blühen, geben einem kleinen Garten mehr als eine einmalige, kurze Schau. Mehr Ruhe und längeren Genuss. Forsythien im April, Flieder im Mai, Falscher Jasmin im Juni, gefolgt von Hibiskus, Schmetterlingsstrauch und Hortensien im Spätsommer. – Der Perückenstrauch trägt seinen Namen zu Recht. Federähnliche, hellbraune Fruchtstände verwandeln den Strauch ab Spätsommer in eine Wolke. Die gelbe oder purpurrote Herbstfärbung ist eine willkommene Zugabe.

Der Winter kann durchaus seine Reize haben. Wenn die Stauden verblüht sind, das Laub gefallen ist, kommt das »Gerüst« des Gartens zum Vorschein. Die Silhouetten von Bäumen und Sträuchern sehen vor dem Winterhimmel wie Scherenschnitte aus. Dazwischen der rosa blühende Schneeball mit seinem süßen, an Marzipan erinnernden Duft – Tristesse adieu!

Laub muss nicht immer grün sein. Gerade im Herbst zeigen sich viele Gehölze von ihrer schönsten Seite.

Im Winter wirken unterschiedliche Wuchsformen und Strukturen besonders gut.

Bunter Eschen-Ahorn
(Acer negundo 'Flamingo')

↑ 2–5 m ✿ 4–5 ○–◑

Überaus robust und anpassungsfähig und mit seinem bunten Laubkleid eine echte Zierde.

Wuchs: Kleiner Baum mit rundlicher Krone oder großer buschiger Strauch, mit gefiederten Blättern, im Austrieb rosa und weiß gerandet und gefleckt.

Blüte: Kleine gelbliche Blüten, männliche in Büscheln, die weiblichen hängend.

Standort: Jeder normale Gartenboden.

Pflege: Schneidet man die jungen Triebe jährlich oder regelmäßig zurück, erhält man stets schöne bunte Triebe. Grünlaubige Zweige an der Basis ganz entfernen.

Tipps: Der klein bleibende Baum eignet sich vor allem für kleinere Gärten oder Gartenteile.

Fächer-Ahorn
(Acer palmatum)

↑ 1–3 m ✿ 5 ○–◑

Im Japan-Garten ein Muss, doch wirkt er auch bei uns charaktervoll und edel.

Wuchs: Kleiner mehrstämmiger Baum oder buschiger Strauch, oft breiter als hoch, langsam wachsend, mit je nach Sorte grünem oder rotem, fächerförmig zerteiltem oder geschlitztem Laub.

Blüte: Sehr kleine purpurne Blütchen, geflügelte rötliche Früchte.

Standort: Durchlässige, frische bis feuchte Böden an eher kühlen Plätzen. Keine heißen Standorte wählen!

Pflege: An sonnigeren Stellen die Baumscheibe mulchen oder mit flach wurzelnden Bodendeckern bepflanzen.

Tipps: Bleibt zeitlebens klein und eignet sich daher sehr gut für kleine Gärten. Schön am Teich oder im Vorgarten.

Sorten: 'Atropurpureum', Blätter ganzjährig dunkelrot, 3–5 m; 'Dissectum', Laub fein zerschlitzt, hellgrün, 1,5–3 m; 'Dissectum Atropurpureum' (= 'Ornatum'), ähnlich, aber mit rotem Laub.

Schmetterlingsstrauch
(Buddleja davidii)

↑ 2–4 m ✿ 7–10 ○

Bezaubernder und überreich blühender Schmetterllingsmagnet.

Wuchs: Trichterförmiger Strauch mit leicht überhängenden Trieben und graugrünen, lanzettlichen Blättern.

Blüte: Kleine, radförmige, duftende Blüten in sehr dichten kegelförmigen Rispen an den Triebenden in Violett, Weiß, Rot oder Rosa, selten Gelb.

Standort: Jeder normale Gartenboden.

Pflege: Die letztjährigen Triebe regelmäßig im Frühjahr stark zurückschneiden, damit sich junge Neutriebe bilden, die die Blüten tragen.

Tipps: Passt auch gut an den Rand eines Staudenbeetes.

Sorten: 'Black Knight', dunkelviolett, reichblütig, 'Pink Delight', rosa, mit großen Rispen; 'Peace', weiß, innen orange

Weißer Hartriegel
(Cornus alba 'Sibirica')

⬆ 1,5–3 m ✿ 5 ○–◑

Dieser Strauch setzt auch im Winter klare Akzente.

Wuchs: Breitbuschiger Strauch mit sehr auffallender roter Rinde und gegenständigen, breit elliptischen Blättern.

Blüte: Kleine cremefarbene Blüten in kleinen Dolden an den Triebenden, im Herbst mit weißlichen bis blassblauen Beerenfrüchten.

Standort: Jeder normale Gartenboden.

Pflege: Im Alter verblasst die schöne Rinde; daher den Neuaustrieb alle paar Jahre durch Rückschnitt anregen. Ältere Sträucher nicht mehr scharf zurückschneiden.

Tipps: Wirkt gut in frei wachsenden Hecken sowie in Wassernähe. Die Triebe eignen sich gut für Trockensträuße.

Sorten: 'Spaethii', Gelbbunter Hartriegel, Blätter mit gelben Rändern und Flecken.

Perückenstrauch
(Cotinus coggygria)

⬆ 1,5–2 m ✿ 6–7 ○

Das attraktive Laub und die auffallenden Fruchtstände machen ihn zum Blickfang.

Wuchs: Breit buschiger, rundlicher Strauch, oft breiter als hoch, mit eiförmigen, grünen Blättern und leuchtend orangeroter bis roter Herbstfärbung.

Blüte: Sehr kleine gelbliche Blütchen in fedrigen Rispen an den Triebenden, die sich zu dicht behaarten, perückenartigen, gelbroten Fruchtständen entwickeln.

Standort: Normale, auch trockene Gartenböden in sonniger Lage.

Pflege: Die Sträucher wenig schneiden oder nur auslichten, damit sie ihre geschlossene Wuchsform entwickeln.

Tipps: Lässt sich aufgrund der Größe gut in Rabatten integrieren.

Sorten: 'Royal Purple', mit purpur- bis schwarzrotem Laub und rötlichen Fruchtständen.

Forsythie, Goldglöckchen
(Forsythia × intermedia)

⬆ 2–3 m ✿ 4–5 ○–◑

Das weithin leuchtende Gelb ist aus Frühjahrsgärten kaum wegzudenken.

Wuchs: Aufrechter Strauch mit langen straffen, teils überhängenden Trieben und lanzettlichen Blättern, die nach der Blüte erscheinen.

Blüte: Glöckchenförmige Blüten aus vier Blütenblättern in leuchtendem Gelb, dicht an dicht direkt an den Trieben.

Standort: Alle normalen Gartenböden an im Frühjahr sonnigen, warmen Plätzen.

Pflege: Ältere Triebe in Bodennähe auslichten, alle 2–3 Jahre die Zweige nach der Blüte einkürzen.

Tipps: Wegen der dominanten Wirkung nur einzeln einsetzen. Schön in gemischter Blütenstrauchhecke zusammen mit Zwiebelblumen.

Sorten: 'Lynwood', leuchtend knallgelb, reich blühend; 'Spectabilis', tiefgelb, bewährte Sorte.

Hibiskus, Garten-Eibisch
(Hibiscus syriacus)

↑ 1–2 m ✿ 7–9 ○–◐

Sommerlicher Schmuckstrauch mit malvenähnlichen Blüten.

Wuchs: Straff aufrechter, langsam wachsender Strauch mit dreilappigen elliptischen Blättern.

Blüte: Sehr große trichterförmige Einzelblüten an den diesjährigen Trieben, in Rot, Rosa, Violett oder Weiß, auch gefüllt.

Standort: Nährstoffreiche, frische bis mäßig trockene Gartenböden in etwas geschützter Lage.

Pflege: Kann in strengen Wintern zurückfrieren, treibt jedoch gut wieder aus. Jungen Pflanzen etwas Laubschutz geben. Rückschnitt im Frühjahr fördert den Blütenansatz.

Tipps: Ein Garten-Eibisch ist besonders als Solitärstrauch zu empfehlen.

Sorten: 'Blue Bird', blauviolett mit roter Mitte; 'Hamabo', rosa mit großer roter Mitte; 'Red Heart', weiß mit roter Mitte.

Bauern-Hortensie
(Hydrangea-Macrophylla-Hybriden)

↑ 1–1,5 m ✿ 6–9 ○–◐

Typischer Blütenstrauch für ländliche und romantische Gärten.

Wuchs: Aufrechter dichtbuschiger Strauch mit großen, frischgrünen, elliptischen Blättern.

Blüte: Meist große ballförmige Blütenstände aus sterilen vierzähligen Blüten, bei manchen Sorten auch schirmförmig und nur am Rand steril, in Rosa, Rot, Blau, Violett oder Weiß.

Standort: Nährstoffreiche, gleichmäßig feuchte Gartenböden.

Pflege: Verblühte Triebe erst im Frühjahr entfernen, sie wirken im Winter sehr attraktiv.

Tipps: Blaue Sorten brauchen sauren Boden und Alaun-Düngung.

Sorten: Im Handel sind zahlreiche Sorten, oft ohne Namen. 'Endless Summer', durchblühend
Weitere Art: *H. aspera* subsp. *sargentiana*, **Samt-Hortensie**, aufrecht, mit schirmförmigen Blütenständen und großen samtigen Blättern, 2–3 m, blüht 7–8.

Stern-Magnolie
(Magnolia stellata)

↑ 2–3 m ✿ 3–4 ○

Dieses kleine Blühwunder ist auch für kleine Gärten sehr zu empfehlen.

Wuchs: Breitbuschiger großer Strauch mit rundlicher Krone, langsam wachsend, mit schmal elliptischen Blättern, die erst nach den Blüten austreiben.

Blüte: Große, sternförmig ausgebreitete, duftende Blüten, weiß mit gelber Staubblattsäule in der Mitte.

Standort: Nährstoffreiche, frische bis mäßig feuchte Böden in geschützter Lage.

Pflege: Die Wurzeln sind empfindlich, daher nicht an der Baumscheibe graben.

Tipps: Nicht an Südseiten pflanzen, da dort zu früher Austrieb und Gefahr, dass die Blüten bei Spätfrost erfrieren. Günstiger sind Südost- oder Südwestlagen.

Sorten: 'Royal Star', großblütiger mit mehr Blütenblättern, strahlend weiß.

Pfeifenstrauch, Falscher Jasmin
(Philadelphus-Hybriden)

↑ 1,5–3 m ✿ 6–7 ○–◑

Wegen des betörenden, an Jasmin erinnernden Duftes und der attraktiven Blüten eines der beliebtesten Blütensträucher.

Wuchs: Großer buschiger Strauch mit straff aufrechten Trieben und breit lanzettlichen, dunkelgrünen Blättern.

Blüte: Große, weiße, stark duftende Schalenblüten in büscheligen Trauben, auch gefüllt.

Standort: Jeder normale Gartenboden.

Pflege: Ältere Triebe etwa alle drei Jahre auslichten.

Tipps: Passt wunderbar in eine gemischte, frei wachsende Blütenhecke.

Sorten: 'Belle Ètoile', sehr großblütig, weiß mit rötlicher Mitte; 'Lemoinei', etwas kleinere Blüten mit starkem Duft; 'Virginal', groß- und reichblütig, gefüllt, straff aufrechter Wuchs. Teilweise werden diese Sorten im Handel als *P. coronarius*-Sorten geführt.

Zuckerhut-Fichte
(Picea glauca 'Conica')

↑ 1–3 m ✿ 5 ○–◑

Einer der wenigen wirklich dauerhaft klein bleibenden und dennoch attraktiven Nadelbäume für den Garten.

Wuchs: Kleiner, sehr langsam wachsender Baum mit ebenmäßig kegelförmigem Umriss und weichen frischgrünen Nadeln.

Blüte: Unscheinbar, in kleinen Zapfen.

Standort: Normale, frische bis feuchte Gartenböden. Lufttrockene Plätze (z.B. vor heißen Südwänden oder unter einem Vordach) meiden!

Pflege: Braucht keinen Schnitt, um die klare Form beizubehalten. Bei Trockenheit wässern.

Tipps: Bei Lufttrockenheit anfällig für Spinnmilben, daher den Standort sorgfältig auswählen. Eignet sich gut, um einen formalen Akzent zu setzen.

Lorbeer-Kirsche, Kirschlorbeer
(Prunus laurocerasus)

↑ 0,5–3 m ✿ 5–6 ○–◑–●

Eine der besten Immergrünen – mit ganzjährig attraktivem, stets sauber wirkendem Laub.

Wuchs: Breitbuschiger Strauch mit immergrüner, dichter Belaubung aus großen, elliptischen, glänzend dunkelgrünen Blättern.

Blüte: Kleine, radförmige, cremeweiße Blüten in aufrechten kerzenförmigen Trauben über dem Laub.

Standort: Nährstoffreiche, humose, mäßig trockene bis mäßig feuchte Böden.

Pflege: Rückschnitt möglichst im Frühjahr vornehmen.

Tipps: Wird meist als Solitär oder zur Flächenbegrünung verwendet, in milden, luftfeuchten Lagen auch als Schnitthecke.

Sorten: 'Otto Luyken', nur ca. 1 m hoch, reich blühend; 'Schipkaensis Macrophylla', 2–3 m, großblättrig, mit langen Blütenkerzen, als Sichtschutz und für Hecken verwendbar.

Zier-Kirsche
(Prunus serrulata)

↑ 3–6 m ✿ 4–5 ○

Einmaliges Blühwunder aus Japan, im Herbst schöne gelborange Laubfärbung.

Wuchs: Kleiner Baum mit trichter-, säulenförmiger oder ausgebreiteter Krone, teils mit überhängenden Zweigen, und elliptischen, zugespitzten Blättern.

Blüte: Schalenförmige Blüten in dichten Büscheln, weiß oder rosa, auch gefüllt, erscheinen vor den Blättern.

Standort: Nährstoffreiche, frische bis mäßig feuchte Böden.

Pflege: Zu dicht stehende Zweige auslichten.

Tipps: Passt wunderbar in den Vorgarten oder in kleine Gärten, darf in keinem japanischen Garten fehlen.

Sorten: 'Amanogawa', säulenförmig, zartrosa, leicht gefüllt; 'Kanzan', trichterförmig, kräftig rosa, dicht gefüllt; 'Shirofugen', trichterförmig bis ausgebreitet, reinweiß, später rosa, dicht gefüllt; 'Shirotae' (= 'Mount Fuji'), ausgebreitet, reinweiß, ungefüllt bis leicht gefüllt, duftend.

Rhododendron, Azalee
(Rhododendron-Hybriden)

↑ 0,3–2,5 m ✿ 5–6 ◐–●

Sicher die schönsten Blüher unter den immergrünen Laubgehölzen.

Wuchs: Aufrechte breite Büsche bis niedrige kompakte Kissen, langsam wachsend, immergrün (Rhododendren) oder sommergrün (viele Azaleen), mit elliptischen, ledrigen, glänzenden Blättern.

Blüte: Trichter- bis glockenförmig in dichten oder lockeren, kugeligen Dolden, bei Japanischen Azaleen den ganzen Strauch völlig bedeckend, in Rot, Rosa, Violett, Weiß, Gelb, auch mit Zeichnung.

Standort: Humose, lockere, gleichmäßig feuchte, saure Böden.

Pflege: Bei Bedarf wässern, Verblühtes ausbrechen, nicht im Wurzelbereich graben (Flachwurzler!), nicht schneiden.

Tipps: Kalkverträglicher sind die Inkarho®- und die *R.*-Yakushimanum-Hybriden.

Sorten: Das Sortiment ist riesig und unüberschaubar. Lassen Sie sich im Handel beraten.

Robinie, Scheinakazie
(Robinia pseudoacacia)

↑ 3–20 m ✿ 5–6 ○

Hausbaum mit schönem Blütenschmuck.

Wuchs: Großer Baum mit rundlicher bis kuppelförmiger Krone und bedornten Trieben mit aus elliptischen Blättchen zusammengesetzten Fiederblättern. Die Sorten bleiben deutlich kleiner als die Art.

Blüte: Weiße Schmetterlingsblüten in langen, hängenden Trauben, intensiv süß duftend.

Standort: Alle normalen, nicht verdichteten oder zu schweren Böden.

Pflege: Auch stärkerer Rückschnitt wird gut vertragen.

Tipps: Die klein bleibende Kugel-Robinie eignet sich hervorragend für kleine Flächen und setzt in formalen Gärten klare Akzente.

Sorten: 'Frisia', **Gold-Robinie**, relativ schmale Krone, 5–8 m, gelbes, im Herbst goldgelbes Laub; 'Umbraculifera', **Kugel-Robinie**, mit breit kugelförmiger Krone, nur 3–5 m, nicht blühend.

Flieder
(Syringa vulgaris)

↑ 2–3 m ✿ 5–6 ○

Der herrlich duftende Blütenschmuck ist im Bauerngarten unverzichtbar.
Wuchs: Aufrechter Strauch mit steifen, teils überhängenden Trieben, Ausläufer bildend, gegenständige, herzförmige Blätter.
Blüte: Kleine, radförmige Blüten aus 4 Blütenblättern, in sehr dichten, länglichen Rispen, violett, rosa, rot, weiß, selten gelb, auch gefüllt, stark duftend.
Standort: Mäßig trockene bis frische, lockere, kalkhaltige Böden.
Pflege: Ausläufer am Ansatz abschneiden. Bei Bedarf auslichten.
Tipps: In der Vase halten die Blüten länger, wenn man die holzigen Triebe etwas weichklopft.

Sorten: 'Andenken an Ludwig Späth', purpurrosa; 'Mme Lemoine', weiß, gefüllt.
Weitere Art: *S. microphylla*, kleinblättrig, insgesamt zarter, 1–1,5 m hoch, blüht rosa 5–6 mit Nachblüte –10, stark duftend.

Duft-Schneeball
(Viburnum × bodnantense)

↑ 1,5–2,5 m ✿ 11/3–4 ○–◑

Erfreut in der blütenarmen Zeit mit aparten duftenden Blüten.
Wuchs: Kleiner breitbuschiger Strauch mit sparrigen Trieben und eiförmigen Blättern, rote Herbstfärbung.
Blüte: Trichterförmige tief- bis weißrosa Blüten in dichten kleinen Büscheln an den noch kahlen Trieben, intensiv duftend.
Standort: Normale, frische bis mäßig trockene Gartenböden.
Pflege: Nicht schneiden, entwickelt sich ungeschnitten am besten.
Tipps: Lässt sich gut mit frühjahrsblühenden Zwiebelblumen unterpflanzen, etwa Blausternen, Wildtulpen oder Schneeglöckchen.

Sorten: 'Dawn', häufigste Sorte, wie die Art.
Weitere Art: *V. opulus* 'Roseum' (= 'Sterile'), **Gefüllter Schneeball**, 1,5–2,5 m hoher Strauch mit weißen, dicht gefüllten Blütenkugeln und kleinen ahornähnlichen Blättern, blüht 5–6.

Weigelie
(Weigela-Hybriden)

↑ 2–3 m ✿ 5–6 ○–◑

Blütenreich und pflegearm, gehört die Weigelie zum Standard-Repertoire der Blütensträucher für den Garten.
Wuchs: Aufrechter, buschiger Strauch mit langen, überhängenden Trieben und elliptischem, zugespitztem Laub.
Blüte: Trichter- bis glockenförmig, dicht an dicht über den Blättern, in Rot, Rosa oder Weiß.
Standort: Jeder normale Gartenboden.
Pflege: Braucht außer einem Auslichten älterer Triebe etwa alle 3–4 Jahre keine Pflege.
Tipps: Schön sowohl als Einzelstrauch als auch in einer Blütenhecke.

Sorten: 'Bristol Ruby', leuchtend rubinrot; 'Eva Rathke', dunkelrot.
Weitere Art: *W. florida*, ähnlich, aber etwas größer, 2,5–3,5 m, mit rosaweißen Blüten, blüht ebenfalls 5–6; 'Purpurea', Blüten dunkelrosa, Blätter braunrot, nur bis 1,5 m hoch.

Kletterpflanzen

Hinauf ins Land der ungeahnten Möglichkeiten

Eine Pergola, berankt mit einer Anemonen-Waldrebe, wirkt besonders luftig und transparent.

Ihr größter Vorteil: Sie wachsen in die Höhe! Selbst der kleinste Garten lässt sich durch Kletterpflanzen in einen grünen, blühenden Dschungel verwandeln. Und je kleiner der Garten, desto wichtiger ist es, dass wir hoch hinauswollen. Ein kleiner Stadtgarten hat oft mehr Wand- und Zaun- als Grundfläche. Ein Jammer, sie ungenutzt zu lassen. Der Luftraum ist zwar nicht unbegrenzt, aber flexibler als Länge und Breite des Gartens. Bleibt die Tiefe. Aber was nützen 20 m Boden unter uns? Ungeachtet dessen sorgen Kletterpflanzen für eine natürliche Verbindung von Haus und Garten.

Oft hat man Bäume mitgekauft oder -geerbt. Ob sie immer schön sind, bleibt dahingestellt. Dennoch darf (wegen einer Baumschutzsatzung) oder möchte man sie (aus Respekt vor dem Gewachsenen) häufig nicht entfernen. Also lebe ich mit den »Alten«. Und zwar ganz hervorragend mit Kletterpflanzen. Sie glauben gar nicht, wie zauberhaft es aussieht, wenn eine Ramblerrose (siehe »Rosen«) einen alten Obstbaum zum zweiten Mal erblühen lässt oder ein Geißblatt sich durch eine knorrige Krone schlingt, gefolgt von den Blütenmassen einer Clematis. Stimmen Sie die Blütezeit der Kletterpflanzen mit der ihres »Gastgebers« ab. Das gibt doppelten Genuss.

Das größte Blütenspektakel veranstaltet in unserem Garten die Japanische Glyzine *(Wisteria floribunda)*. Ihre 60 cm langen Blütentrauben (das ist kein Witz) sind eine Wonne im Mai – und erst der Vanilleduft!

Hat man einmal »Blut geleckt« und schaut sich seinen Garten mit dem »Kletterpflanzenblick« an, wird man noch viele Möglichkeiten entdecken. In einem sehr kleinen Garten z. B. lässt sich eine »Pseudo-Hecke« errichten: Beranken Sie einen Zaun mit Efeu. Eine schmalere Hecke gibt es nicht. Ein Schnitt unterstützt diesen Effekt noch.

Um Schäden durch Kletterpflanzen zu vermeiden, muss man sie unter Kontrolle behalten. Nicht in Dachrinnen und um Regenrohre wachsen lassen! Auch nicht Efeu in eine Baumkrone. Eine Clematis würde ihr nichts ausmachen. Eine verholzende Kletterpflanze aber wird immer ihre Stütze besiegen.

Kletterpflanzen klettern,

weil sie zum Licht wollen. Die meisten sind Waldpflanzen, die Bäume und Sträucher als »Leiter« für ihren Weg nach oben benutzen. Ihre Wurzeln sind an Kühle und Schatten gewöhnt. Das hätten sie natürlich auch gern im Garten. Eine Wand dagegen gibt selten Schatten, dafür extreme Trockenheit. Keinen natürlichen Humus durch Laub im Boden, dafür Staub, eventuell auch Bauschutt. Und an einer Südwand – der Traum aller Gartenbesitzer – wird die Pflanze im Sommer »gegrillt«.

Manche klettern aus eigener Kraft. Andere brauchen eine Stütze. Efeu mit seinen Luftwurzeln und Wilder Wein mit kleinen Haftscheiben haben sich Baumstämme als natürliche Stützen ausgesucht. Wände sind gar nicht so unähnlich, wenn sie rau sind. Die gebräuchlichste Art, sich in die Höhe zu begeben, ist schlingend. Geißblatt, Glyzine und Hopfen gehören dazu. Sie brauchen eine Kletterhilfe. Für Rosen reicht eine Kletterhilfe allein nicht aus. Sie müssen zusätzlich aufgebunden werden. Das ist nicht schwer, macht aber Arbeit. Für eine starkwüchsige Pflanze wie eine Glyzine ist unbedingt ein stabiles Gerüst wichtig. Es ist kein Vergnügen, wenn es nach einiger Zeit durch das enorme Gewicht der Pflanze aus der Wand bricht. Ich weiß, wovon ich rede. Und möchte Ihnen diesen Schock ersparen. Die Glyzine wiederum kann einem zarteren Kletterer Halt geben. Wie einer Clematis mit ihren Ranken.

So vielseitig

zu verwenden wie Kletterpflanzen ist kaum eine andere Gruppe. Allein mit **Clematis** kann man sich fast das ganze Jahr an Blüten erfreuen. Mit unterschiedlichen Arten, nicht mit einer! In schönster Harmonie mit Rosen wohl die gebräuchlichste Klettergemeinschaft. Wunderschön ist die Wirkung der **Glyzinenblüten**, wenn sie sich in Wasser spiegeln. Nur, wer hat schon ein Brückengeländer im Garten! Aber an einem Zaun entlang gezogen, ist auch nicht zu verachten. Zumal sie, so gezogen, schon in jungen Jahren blühen wird. Ob an einer Hauswand, einer Pergola oder einem starken Pfosten – erlauben Sie der Glyzine nicht, unkontrolliert in die Höhe zu wachsen. Sie braucht ihre Grenze, damit sie blüht.

Zudecken

möchte man nur etwas Unschönes. **Knöterich** löst das Problem, schnell und dicht. In einem kleinen Garten entsteht dadurch aber ein neues: Er ist nicht zu bändigen.

Eine der starkwüchsigsten Kletterpflanzen überhaupt ist der **Wilde Wein**. Er kann im Laufe der Jahre mühelos eine ganze Hauswand bekleiden, den Zaun zum Nachbarn dazu, und auch noch das Haus des Nachbarn, wenn es diesem gefällt. Ohne jegliche Pflege: kein Wässern, kein Düngen, kein Schneiden, kein Spritzen. Aber Vorsicht! Seine Wurzeln erdrosseln regelrecht die Wurzeln anderer Pflanzen in seiner Nähe. Eine stabile Wurzelsperre gebietet ihm Einhalt.

Weinreben bieten mit leckeren Früchten Genuss für Auge und Gaumen.

Pfeifenwinde
(Aristolochia macrophylla)

↑ 3–12 m ✿ 6–8 ◑–●

Sehr starkwüchsige Schlingpflanze, die tropisches Flair in den Garten zaubert.
Wuchs: Rasch wachsende Schlingtriebe mit sehr großen, herzförmigen, frischgrünen Blättern.
Blüte: Gelbgrüne bis bräunliche, pfeifenähnlich gebogene Blüten, die im Laub versteckt bleiben.
Standort: Nährstoffreiche, frische bis feuchte Böden.
Pflege: An einem stabilen Rankgerüst ziehen. Bei Trockenheit wässern. Kann bei Bedarf auch scharf zurückgestutzt werden.
Tipps: Ideal zur schnellen Begrünung von Pergolen, Lauben und überdachten Eingängen.

Anemonen-Waldrebe, Berg-Waldrebe
(Clematis montana)

↑ 3–8 m ✿ 5–6 ○–◑

Entzückender Blüher, der rasch unschöne Stellen im Garten verdeckt.
Wuchs: Rankpflanze mit starkwüchsigen Trieben und gefiedertem Laub aus elliptischen Teilblättchen.
Blüte: Sternförmig mit vier ausgebreiteten Blütenblättern in Rosa oder Weiß und einem zentralen Staubblattbüschel.
Standort: Nährstoffreiche, gleichbleibend frische bis mäßig feuchte Böden.
Pflege: Ca. 5 cm tiefer einpflanzen als beim Kauf. Braucht eine Rankhilfe. Bei Trockenheit rechtzeitig wässern (Vorbeugung gegen Clematis-Welke). Rückschnitt – falls nötig – nach der Blüte.
Tipps: Clematis liebt einen beschatteten Fuß – daher mulchen oder mit flach wurzelnder Unterpflanzung kombinieren.

Sorten: 'Rubens' (auch var. *rubens*), kräftig rosa, sonst wie die Art; 'Superba', weißlich-rosa.

Italienische Waldrebe
(Clematis-Viticella-Hybriden)

↑ 2–4 m ✿ 6–9 ○–◑

Üppiger Blütenschmuck und dennoch robust und pflegeleicht.
Wuchs: Rankpflanze mit mittelstark wachsenden Trieben und in elliptische Teilblättchen gefiederten Blättern.
Blüte: Radförmig mit breiten Blütenblättern oder glockig, in Weiß, Rosa, Rot, Violett, auch zweifarbig und gefüllt.
Standort: Nährstoffreiche, gleichbleibend frische bis mäßig feuchte Böden.
Pflege: Wie bei Anemonen-Waldrebe.
Tipps: Wegen der gleichzeitigen Blüte sind sie ebenso wie die Großblütigen Waldreben wunderbare Partner zu Kletterrosen.

Sorten: 'Alba Luxurians', weiß; Étoile Violette', leuchtend violett; 'Prince Charles', hellblau.
Weitere Art: C.-Hybriden, Großblütige Waldreben, sehr großblütig in Weiß, Rosa, Rot, Braun oder Violett, auch gefüllt, 2–5 m, etwas empfindlicher, blühen 6–9; z. B. 'Jackmanii', tiefviolett; 'Nelly Moser', rosa mit roten Streifen; 'Niobe', weinrot.

Kletter-Spindelstrauch
(Euonymus fortunei)

⬆ 40–300 cm ✿ 6–7 ○–◑–●

Langsam wachsender robuster Kletterer mit buntem immergrünem Laub.
Wuchs: Kriechend und mit Haftwurzeln selbst kletternd, immergrün mit elliptischen Blättern in je nach Sorte unterschiedlicher Färbung.
Blüte: Sehr kleine, unscheinbar gelbgrüne Blüten. Falls Früchte gebildet werden: Die Samen sind sehr giftig!
Standort: Alle nährstoffreichen, nicht zu trockenen Gartenböden.
Pflege: Keine Pflege nötig. An Spanndrähten klettert der Spindelstrauch schneller empor. In rauen Lagen etwas Winterschutz geben.
Tipps: Gut zum Klettern an Hauswänden mit rauem Putz oder zum Verdecken unschöner Flächen.

Sorten: 'Coloratus', großblättrig, raschwüchsig; 'Emerald Gaiety', Blätter weiß berandet; 'Emerald 'n' Gold', Laub mit breitem goldgelbem Rand.

Schlingknöterich
(Fallopia aubertii,
Syn.: Polygonum aubertii)

⬆ 2– über 5 m ✿ 7–10 ○–◑

Kletterpflanze mit dem größten Jahreszuwachs (»Architektentrost«), die sich jedoch gut im Zaum halten lässt.
Wuchs: Sehr stark und rasch wachsende Schlingpflanze mit langen Trieben und herz-eiförmigen Blättern.
Blüte: Kleine weiße Blütchen in dichten Rispen über dem Laubteppich.
Standort: Alle Gartenböden.
Pflege: Benötigt eine Kletterhilfe, sonst kaum Pflegebedarf, kann gut zurückgeschnitten werden, da sie nur an den jungen (diesjährigen) Trieben blühen.
Tipps: Benötigt Platz, daher an Stellen verwenden, wo man ihn nicht laufend stutzen muss. Gut zur Begrünung von Pergolen, Carports oder Zäunen.

Efeu
(Hedera helix)

⬆ 2– über 5 m ✿ 9–10 ◑–●

Robust und natürlich wirkend, sorgt der Efeu ganz von allein für ein grünes Kleid.
Wuchs: Selbstkletterer (klettert mit Haftwurzeln) mit stark verholzenden Trieben und 3- bis 5-lappigen, im Alter rautenförmigen, immergrünen Blättern.
Blüte: Kleine, grüngelbe, duftende Blüten in rundlichen Dolden, schwarze Beerenfrüchte. Erst die Altersform blüht.
Standort: Jeder nicht zu trockene Gartenboden.
Pflege: Keine Pflege nötig.
Tipps: Nicht in Risse an der Hauswand klettern lassen!

Sorten: Es gibt zahlreiche Sorten im Handel, wobei die weiß oder gelb gefleckten Formen weniger frosthart sind (im Winter abdecken bzw. absonnig pflanzen), u. a. 'Goldheart', Blätter in der Mitte mit großem weißgelbem Fleck.

Hopfen
(Humulus lupulus)

⬆ 3–8 m ✿ 7–8 ○–◑

Schlingende Staude mit sehr dekorativem, stets sauber wirkendem Laub.
Wuchs: Stark wachsender Schlinger, dessen Triebe im Herbst absterben und im Frühjahr aus dem Wurzelstock neu austreiben. Charakteristische, handförmig gelappte Blätter.
Blüte: Männliche Pflanzen blühen unscheinbar, weibliche in rundlichen Trauben, die später kleine, zapfenartige, attraktive Früchte bilden.
Standort: Nährstoffreicher, lockerer Gartenboden.
Pflege: Die Triebe im Herbst oder Frühjahr bodennah zurückschneiden. Ausreichend wässern und düngen.
Tipps: Als Kletterhilfe sind gespannte Drähte, ein Rosenbogen oder Obelisk geeignet.

Sorten: 'Aureus' hat goldgelbe Blätter.

Kletter-Hortensie
(Hydrangea anomala subsp. *petiolaris)*

⬆ 3–12 m ✿ 6–7 ◑–●

Pflegeleichter Kletterer mit malerischen Blütenschirmen.
Wuchs: Selbstkletterer mit Haftwurzeln, wächst auch schlingend oder (ohne Stütze) am Boden kriechend, am Anfang nur langsam, mit herz- bis eiförmigen, ledrigen Blättern.
Blüte: Sehr kleine Einzelblüten und ein Kranz steriler vergrößerter Randblüten bilden große, schirmförmige, weiße Dolden mit angenehmem Duft.
Standort: Nährstoffreiche, durchlässige, frische bis mäßig feuchte Böden in kühler, nicht direkt besonnter Lage.
Pflege: Braucht keine Pflege.
Tipps: Kann sowohl zur Begrünung älterer Bäume wie zur Verkleidung unschöner Wände verwendet werden, sogar als Bodendecker.

Wald-Geißblatt
(Lonicera periclymenum)

⬆ 3–5 m ✿ 5–7 ○–◑

Wunderhübscher Schlinger mit betörendem abendlichem Blütenduft.
Wuchs: Wuchskräftige Schlingpflanze mit gegenständigen, elliptischen, tiefgrünen Blättern.
Blüte: Lippenblüten mit längerer Röhre, zweifarbig mit gelblicher oder rötlicher Krone und roter Röhre in Quirlen an den Triebenden. Duftet abends intensiv.
Standort: Jeder normale nährstoffreiche Gartenboden.
Pflege: Benötigt als Kletterhilfe ein Rankgerüst oder Drähte. Kann auch zurückgeschnitten werden.
Tipps: Für einen abendlichen Sitzplatz sehr zu empfehlen.

Sorten: 'Serotina', reichblütiger und wuchsstärker als die Art.
Weitere Art: *L. × heckrottii*, **Feuer-Geißblatt**, wuchsstärker, mit zahlreichen karminroten, innen gelblichen, duftenden Blüten und breit elliptischen Blättern, 2–5 m, blüht 6–10.

Wilder Wein, Jungfernrebe
(Parthenocissus tricuspidata)

↑ 10–15 m ✿ 6–7 ○–◑

Weit verbreitete Hauswand-Bekleidung, die im Herbst mit äußerst attraktivem Farbspiel aufwartet.

Wuchs: Sehr wuchskräftiger Selbstkletterer mit Haftscheiben an Ranken und tief dreifach gelapptem Laub, frischgrün, mit orange- bis feuerroter Herbstfärbung.

Blüte: Unaufffällige gelbgrüne Blütchen in doldenartigen Blütenständen.

Standort: Jeder normale nahrhafte Gartenboden.

Pflege: Braucht keine Pflege und kann jederzeit zurückgeschnitten werden. Regenrinnen und Fallrohre frei halten.

Tipps: Vor der Pflanzung Putz auf Risse überprüfen, bei Bedarf ausbessern.

Sorten: Im Handel ist fast aussschließlich die Sorte 'Veitchii' erhältlich.
Weitere Art: *P. quinquefolia*, mit 5-fach gefingerten Blättern, tiefrote Herbstfarbe, 10–15 m, blüht 7–8, danach blauschwarze Beeren.

Weinrebe
(Vitis vinifera)

↑ 3–10 m ✿ 6–7 ○

Wer kann der Verlockung eigener Trauben aus dem Garten widerstehen?

Wuchs: Mit Ranken stark kletterndes Gehölz mit handförmig gelapptem Laub und gelber bis roter Herbstfärbung.

Blüte: Unscheinbare, winzige, gelbliche Blüten in aufrechten Trauben, danach saftige Beerenfrüchte.

Standort: Tiefgründiger, nährstoffreicher, lockerer Gartenboden an warmen, geschützten Plätzen.

Pflege: Boden vor dem Pflanzen tiefgründig lockern und verbessern. Braucht zum Klettern ein Spalier oder Rankgerüst. Die Seitentriebe sollen waagerecht gezogen werden, Früchte tragende Triebe im folgenden Winter scharf zurückschneiden.

Tipps: Besonders für Sitzplatz und Laube am Haus zu empfehlen.

Sorten: Im Handel sind verschiedenste Sorten erhältlich. Fragen Sie nach Lokalsorten, die in Ihrem Klima gut gedeihen und fruchten.

Glyzine, Japanischer Blauregen
(Wisteria floribunda)

↑ 3–8 m ✿ 5–6 ○–◑

Eine der attraktivsten Klettergehölze mit zauberhaften duftenden Blütenkaskaden.

Wuchs: Sehr wuchsstarker Schlinger mit im Alter dicken holzigen Trieben und gefiedertem Laub.

Blüte: Violett oder weiß, in langen (bis über 50 cm!) schlanken Trauben, erscheinen noch vor dem Laub.

Standort: Nährstoffreiche, durchlässige, frische bis mäßig feuchte Böden.

Pflege: Starke Drahtseile oder Stangen als Kletterhilfe geben. Im Sommer Seitentriebe auf 5 Augen zurückschneiden, im Winter nochmals einkürzen.

Tipps: Keine Sämlingspflanzen kaufen, da diese deutlich später blühen. Unbedingt Regenrinnen und Fallrohre von den Schlingtrieben frei halten.

Sorten: 'Alba' blüht weiß.
Weitere Art: *W. sinensis*, ähnlich, aber mit kürzeren, breiteren Blütentrauben, noch wüchsiger, 3–10 m, blüht ebenfalls 5–6.

Rosen

Symbol der Liebe, möchten auch selbst geliebt werden

Rosen und Menschen haben eines gemeinsam: nur mit Liebe können sie sich vollkommen entfalten. Beide haben auch eine lange Geschichte. Keine Angst, ich fange nicht bei Adam und Eva an, aber das eine oder andere hilft, Verhalten, Bedürfnisse und Pflege besser zu verstehen.

Seit den Griechen, Römern und Persern blühten Rosen nur **einmal im Jahr,** in zarten Tönen und mit herrlichem Duft. Sie waren völlig gesund. Ende des 18. Jahrhunderts gab es einen Wendepunkt in der Geschichte der Rosen: China-Rosen kamen in den Westen. Das Besondere an ihnen war: Sie blühten mehrmals im Jahr. Auch sie waren verhältnismäßig frei von Krankheiten. Erst durch das Kreuzen der alten europäischen Rosen mit den China-Rosen wurden die Rosen anfällig. Seit Mitte des 19. Jahrhunderts konzentrierte man sich auf die Entwicklung öfterblühender Sorten, mit kräftigeren Farben, größeren Blüten und Haltbarkeit als Schnittblumen. Für die alten Sorten bestand Gefahr, verdrängt zu werden. Heute wiederum gibt es eine Renaissance der Alten Rosen.

Ein Garten mit solch üppigen Strauchrosen muss kein unerfüllter Traum bleiben.

Die wichtigste Unterscheidung für den Gärtner ist, ob es sich um öfterblühende Rosen handelt oder um einmalblühende. In einem kleinen Garten ist man geneigt, sich möglichst viele öfterblühende Rosen zuzulegen. Warum eigentlich? Auch ein Flieder blüht nur einmal, ebenso Schneeglöckchen, Tulpen, Pfingstrosen usw. Nur von einer Rose erwartet man, dass sie ewig blüht. Karl Foerster, der bekannte Staudengärtner, sagte: »Auch ein Konzert dauert nicht ewig.« Durch die angezüchtete Perfektion ging viel vom Charme verloren. Und von der Gesundheit. Einmalblühende Rosen sind winterhärter und weniger anfällig für Krankheiten. Kein Wunder: Sie sind nicht dem Stress des »Ständig-blühen-Müssens« ausgesetzt.

Rosen lassen sich fast überall integrieren. Sie sind in Kombination mit anderen Pflanzen, wie Lavendel, Falschem Jasmin, Rittersporn usw., weit weniger anfällig für Pilzkrankheiten als in reinen Rosenbeeten. Sie lieben die Sonne, einen freien, luftigen Standort und nährstoffreichen Boden.

Rosen sind Gehölze,

und eigentlich als solche einfach schön. Verwirrend ist allerdings, dass es so viele Gruppen gibt.

- **Alte Rosen** blühen in der Regel einmal im Jahr, haben dicht gefüllte, nostalgisch wirkende Blüten, zarte Farben und einen unvergleichlichen Duft. Ob Alba-Rosen mit äußerst gesundem Laub ('Königin von Dänemark'), Damaszener-Rosen mit herrlichem Duft ('Mme Hardy') oder Gallica-Rosen mit intensiven Farben ('Charles de Mills') – sie alle harmonieren in ihren Farben miteinander. Sie sind widerstandsfähig gegen Krankheiten und brauchen nicht mehr Schnitt als andere »Nicht-Rosen-Sträucher« auch (tote Triebe entfernen, lange Triebe nach der Blüte um ein Drittel kürzen). Alte Rosen mit China-Einfluss blühen nach der Hauptblüte ein zweites Mal, dann allerdings nicht so üppig. Alte Rosen sind auch ohne Blüten als Strauch schön – als Solitär oder Hecke. Mit unterschiedlichen Sorten lässt sich die Blütezeit von Mai bis in den Herbst »verlängern«.
- **Englische Rosen** verdanken wir dem englischen Züchter David Austin. Ihm ist es gelungen, den Charme und Duft der Alten Rosen mit dem Öfterblühen der modernen Rosen zu vereinen. Farben wie Orange und Gelb ('Graham Thomas') kamen hinzu.
- Als **Strauchrosen** bezeichnet man alle hoch und buschig wachsenden Rosen, ob einmal- oder öfterblühend.

Öfterblühende Strauchrosen blühen wiederholt bis in den Spätherbst hinein. Ihr

In einem erhöhten Beet lassen sich Alte Rosen und ihr bezaubernder Duft noch besser genießen.

Wuchs ist unterschiedlich. Bei den Farben bleibt kaum ein Wunsch offen. Eine der bekanntesten ist 'Schneewittchen'. Ob einzeln, in Rabatten oder auf Hochstamm als Kaskadenrose sind sie sehr vielseitig. Niedrige Strauchrosen, die eher breit als hoch wachsen, z. B. 80 cm hoch und 2 m breit, werden als **Bodendeckerrosen** bezeichnet. Sie blühen ebenfalls öfter, lassen an Böschungen kein Unkraut hochkommen und eignen sich auch für Hochstämme ('The Fairy').

- **Beetrosen** sind buschig wachsende Rosen, die in größeren Gruppen gepflanzt werden und öfter blühen. Ihre Wirkung erhöht sich mit der Stückzahl. Für sehr kleine Gärten ein Problem. **Edelrosen** haben elegante Knospen und große, perfekte, meist einzelne Blüten an langen Stielen. Sie wirken am besten aus der Nähe ('Duftrausch'). **Floribunda-Rosen** blühen in Büscheln. Sie haben in der Regel locker gefüllte Blüten ('Bonica '82') und wirken gut aus der Ferne.
- **Kletterrosen** schicken lange Triebe in die Höhe, in der Hoffnung, irgendwo eine Stütze zu finden. Ihre Stacheln helfen, sich festzuhalten. Kletterrosen haben wenige starke, straffe Triebe. Je nach Sorte blühen sie einmal oder öfter, die Blüten stehen einzeln oder in Büscheln in vielen Farben, oft Rot ('Santana'). Sie bevorzugen Südwest-Wände und Mauern mit Kletterhilfen sowie Spaliere und Bögen. **Ramblerrosen** sind auch Kletterrosen, haben aber weiche, lange Triebe und brauchen nur eine Starthilfe, um in Bäume zu klettern. Sie haben kleinere Blüten in üppigen Büscheln, oft weiß und duftend. Sie blühen in der Regel nur einmal – aber verschwenderisch. Sie eignen sich auch für Mauern und Böschungen und auf Stamm als Trauerrose.

Beetrose

Beetrosen und Edelrosen haben in den letzten hundert Jahren fast ausschließlich das Bild der Rosen geprägt. Sie werden etwa 70 cm bis 1,20 m hoch und blühen öfter im Jahr. Für formelle flächige Pflanzungen (Rosenbeete). Durch ständiges »Öfter-blühen-Müssen« und einseitige Bodenbeanspruchung sind viele leider anfällig für Krankheiten. Die hier vorgestellten sind jedoch robuste, pflegeleichte Sorten. Ihre Blütezeit beginnt erst ab Mitte Juni.

Edelrose

Name	**'Bonica '82'**	**'Duftrausch'**	**'Friesia'**	**'Mirato'**	**'Montana'**	**'Rosenprofessor Sieber'**
Züchter	Meilland (1982)	Tantau (1986)	Kordes (1973)	Tantau (1990)	Tantau (1974)	Kordes (1997)
Gruppe	öfterblühende Beetrose	öfterblühende Edelrose	öfterblühende Beetrose	öfterblühende Beetrose	öfterblühende Beetrose	öfterblühende Beetrose
Höhe	50–80 cm	80–100 cm	60–80 cm	40–60 cm	80–90 cm	60–80 cm
Blüte	Mittelgroß, zart bis kräftig rosa, halb gefüllt bis gefüllt, ohne Duft.	Große Blüten in Violettrosa, dicht gefüllt, mit herrlichem Duft.	Mittelgroß, früh blühend, leuchtend goldgelb, locker gefüllt, mit starkem Duft.	Mittelgroß, leuchtend pinkrosa, halb gefüllt, in reichblütigen Büscheln, ohne Duft.	Groß, leuchtend rot und nicht verblassend, halb gefüllt.	Mittelgroß, porzellanrosa, halb gefüllt, in Büscheln, mit Wildrosenduft.
Wuchs	Breit buschig mit gesundem, kräftig grünem, robustem Laub.	Straff aufrechte Büche mit dunkelgrünem, kräftigen Laub.	Aufrechte, kompakte, stark verzweigte Büsche mit dunkelgrünen Blättern.	Breit buschig mit dunkelgrünem, ledrigem, sehr robustem Laub.	Straff aufrechte, relativ hohe Büsche mit sehr gesundem Laub.	Kräftige Büsche mit dunkelgrünem, glänzendem, sehr gesundem Lauf.
Tipps	Sehr gesunde und regenfeste, pflegeleichte Sorte, die sich vielseitig verwenden lässt. ADR-Rose 1983[*].	Robuste Edelrose, sehr schön für langstieligen Schnitt. Die Blüten eignen sich gut für Potpourries.	Eine der besten gelben Beetrosen, mit ungeheurer Leuchtwirkung. Wirkt auch schön als Stammrose. ADR-Rose 1973	Unglaublich zäher Dauerblüher, der bis zum frost Blüten ansetzt. Auch als Bodendecker verwendbar. ADR-Rose 1993.	Am besten gruppenweise pflanzen. Das klare Rot lässt sich gut mit Stauden kombinieren. ADR-Rose 1974.	Vielseitig verwendbarer Dauerblüher mit gut vertäglicher Blütenfarbe. ADR-Rose 1996.

[*] ADR-Rose = besonders robuste Sorte, hat die **A**llgemeine **D**eutsche **R**osenneuheitenprüfung im Jahr 1983 bestanden.

Alte Rosen. Die Vorgänger der Beet- und Edelrosen waren seit Jahrtausenden einmalblühende Strauchrosen in Weiß, Rosa und Purpur, mit einem unvergleichlichen Charme und herrlichen Duft. Es sind ideale Solitärpflanzen, etwa 1,20–1,80 m hoch. Ihr schönes, gesundes Laub und ihre größere Winterhärte im Vergleich zu den öfterblühenden Rosen sind ein weiterer Pluspunkt. Fast völlig vergessen und erst in den letzten 50 Jahren wiederentdeckt, erleben sie heute eine Renaissance.

Allein des wunderbaren Duftes wegen wäre es schön, wenn in jedem Garten wenigstens eine Alte Rose stehen könnte. Die so genannten **Englischen Rosen** verbinden den Charme der Alten Rosen in Duft und Blütenform mit den Vorzügen der modernen Rosen: dem Öfterblühen und einer größeren Farbpalette. Das Laub ist kräftig, groß und glänzend. In Deutschland sind sie auch unter der Bezeichnung **»Romantik-Rosen«** zu finden.

Name	**'Charles de Mills'**	**'Ghislaine de Féligonde'**	**'Graham Thomas'**	**'Königin von Dänemark'**	**'Louise Odier'**	**'Madame Hardy'**
Züchter	unbekannt	Turbat (1916)	Austin (1983)	Booth (1816)	Margottin (1851)	Hardy (1832)
Gruppe	einmalblühende Alte Strauchrose	öfterblühende Alte Strauchrose	öfterblühende Englische Rose	einmalblühende Alte Strauchrose	öfterblühende Alte Strauchrose	einmalblühende Alte Strauchrose
Höhe	100–150 cm	150–200 cm	100–150 cm	100–150 cm	150–180 cm	120–180 cm
Blüte	Groß, karminrot bis purpurrot, dicht gefüllt und geviertelt, mit starkem süßlichem Duft	Mittelgroß, lachsrosa bis gelborange, im Verblühen fast weiß, zarter Duft.	Groß, gelb mit rötlichem Schimmer, dicht gefüllt, stark duftend.	Groß, rosa, zum Rand hin heller, mit rötlichen Knospen, dicht gefüllt, mit fruchtigem Duft.	Mittelgroß, kräftig lilarosa, dicht gefüllt und geviertelt, mit sehr starkem Duft.	Groß, reinweiß mit grünem Auge in der Mitte, dicht gefüllt, zitronenartig duftend.
Wuchs	Rundlich, wenig bestachelt, leicht überhängend, mit hellgrünem Laub.	Buschig, mit langen, überhängenden Trieben und glänzendem Laub.	Aufrechte Büsche mit leicht überhängenden Trieben und gesunden Blättern.	Locker buschig, überhängende, stark bestachelte Triebe, graugrünes Laub.	Aufrecht mit leicht überhängenden Trieben, hellgrünes, robustes Laub.	Kräftige, dichte Büsche mit bestachelten Trieben und hellgrünem Laub.
Tipps	Eine Sorte aus der Gruppe der Gallica-Rosen – ein Klassiker unter den Alten Rosen.	Bezaubert durch das Farbenspiel der Blüten. Kann auch als Ramblerrose in Bäume klettern.	Eine der besten Englischen Rosen – und die erste gelbe Sorte in der Form Alter Rosen.	Eine pflegeleichte Blütenschönheit aus der Gruppe der Alba-Rosen.	Wohl die Alte Rose mit der perfektesten Blütenform. Schön auch als Schnittrose.	Eine der schönsten weißen Rosensorten – voller Charme und Charakter, und dennoch pflegeleicht.

Öfterblühende Strauchrosen lassen sich als Solitärpflanzen und in gemischten Rabatten verwenden. Sie werden 1,20 bis 1,80 m hoch, ihre Farbpalette ist sehr groß. Flach wachsende Strauchrosen, als **Bodendeckerrosen** bezeichnet, bieten eine große Vielfalt an Wuchsformen. Sie sind pflegeleicht, meist öfterblühend und werden ca. 50–90 cm hoch, selten weniger. Sie sind sehr robust und gesund, aber selten duftend. Wunderbar für naturnahe flächige Pflanzungen.

Name	**'Angela'**	**'Heidetraum'** ('Flower Carpet')	**'Schneewittchen'**	**'Sommerwind'**	**'The Fairy'**	**'Westerland'**
Züchter	Kordes (1984)	Noack (1988)	Kordes (1958)	Kordes (1985)	Bentall (1932)	Kordes (1969)
Gruppe	öfterblühende Strauchrose	öfterblühende Bodendeckerrose	öfterblühende Strauchrose	öfterblühende Bodendeckerrose	öfterblühende Bodendeckerrose	öfterblühende Strauchrose
Höhe	100–150 cm	60–80 cm	100–150 cm	40–60 cm	40–60 cm	150–200 cm
Blüte	Mittelgroß, kräftig rosa, halbgefüllt, in dichten Büscheln, schwach duftend.	Kleine, leuchtend karminrosa, halbgefüllte Blüten mit leichtem Duft, in dichten Büscheln.	Mittelgroß, schneeweiß, halb gefüllt, früh blühend und mit leichtem Duft.	Mittelgroß, kräftig rosa, halb gefüllt, mit gewellten Blütenblättern, ohne Duft.	Klein, zartrosa, dicht gefüllt, in sehr reich blühenden Büscheln, ohne Duft.	Groß, bernstein- bis aprikotfarben, dicht gefüllt, stark duftend.
Wuchs	Aufrechte, breiter als hohe Büsche mit gesundem Laub.	Niedrige, aufrechte, reich verzweigte Büsche, glänzend dunkelgrünes Laub.	Aufrecht mit lockeren, leicht überhängenden Trieben, mattgrünes Laub.	Niedrige aufrechte Büsche mit glänzenden dunkelgrünen Blättern.	Breite Büsche mit teils überhängenden Trieben, glänzend dunkelgrünes Laub.	Kräftige, breite, formschöne Büsche mit frischgrünen Blättern.
Tipps	Diese relativ niedrige, lange blühende Sorte lässt sich gut in Staudenbeeten integrieren. ADR-Rose 1982.	Überaus robuster und blühwilliger Bodendecker, die auch als Stammrose und im Kübel begeistert. ADR-Rose 1990.	Die beste weiße Strauchrose, robust und lange blühend, wunderbar zusammen mit Stauden. ADR-Rose 1960.	Sehr robuste, reich und lange blühende Sorte, lässt sich auch als Beetrose verwenden. ADR-Rose 1987.	Dieser Klassiker blüht fast pausenlos den ganzen Sommer lang. Schön auch als Stamm- und Kübelrose.	Sehr schön als einzeln stehender Blickfang oder an der Terrasse. ADR-Rose 1974.

Kletterrose als Stammrose

Kletterrosen sind erst in den letzten hundert Jahren entstanden. Sehr lohnend! Höhe in der Regel bis 3 m. Und nur mit einem guten Schnitt – bei ihnen noch wichtiger als bei Strauchrosen – blühen sie üppig. **Ramblerrosen,** bei uns wenig bekannt, können eine Höhe von 5 m und mehr erreichen, wenn sie in Bäume oder über Gebäude wachsen. Sie sind faszinierend und sehr pflegeleicht. Diese Gruppe braucht wenig Platz am Boden und nur eine Kletterhilfe.

Ramblerrose

Name	**‘Bobbie James’**	**‘Golden Showers’**	**‘Lawinia’**	**‘New Dawn’**	**‘Rosarium Uetersen’**	**‘Santana’**
Züchter	Sunningd. Nurs. (1961)	Lammerts (1956)	Tantau (1980)	Somerset (1930)	Kordes (1977)	Tantau (1984)
Gruppe	eimalblühende Ramblerrose	öfterblühende Kletterrose	öfterblühende Kletterrose	öfterblühende Kletterrose	öfterblühende Kletterrose	öfterblühende Kletterrose
Höhe	3–5 m	2–3 m	2–3 m	2–3 m	2–3 m	2–3 m
Blüte	Klein, cremeweiß, ungefüllt, in sehr dichten, reich blühenden Büscheln, stark duftend.	Groß, goldgelb, halb gefüllt, früh blühend, mit starkem Duft.	Groß, kräftig rosa, edelrosenförmig, dicht gefüllt, stark duftend.	Mittelgroß, zartrosa, halb gefüllt, reich blühend, mit süßem Duft.	Groß, tiefrosa, später silbrig rosa, dicht gefüllt, zart duftend.	Groß, blutrot, stark gefüllt, reich blühend, mit leichtem Duft.
Wuchs	Wuchsstark mit langen, kletternden Trieben und glänzend dunkelgrünem Laub.	Aufrecht buschig mit überhängenden, starken Trieben und tiefgrünen Blättern.	Kräftig mit überhängenden, starken Trieben, glänzendes Laub.	Aufrecht mit biegsamen Trieben, glänzend dunkelgrüne, robuste Blätter.	Aufrecht buschig bis kletternd, kräftige Triebe, dichtes, sattgrünes Laub.	Aufrecht mit kräftigen, überhängenden Trieben, robustes Laub.
Tipps	Herrlicher, üppig blühender Kletterer zur Verschönerung von Hausfassaden, Pergolen, Lauben oder alten Bäumen.	Wunderbar an Pergolen und Rosenbögen. Etwas mehltauanfällig, daher nicht vor prallsonnige Südwände pflanzen.	Klettert an Wänden, Lauben und Pergolen und begeistert durch die edle Blütenform. Schön auch als Stammrose.	Ziert Wände und Pergolen mit ihren märchenhaften Blüten, die sich den ganzen Sommer über bilden.	Schön an Säule, Obelisk und Pergola. Wirkt auch sehr gut als Stammrose mit herabhängenden Trieben und im Kübel.	Sicher eine der besten roten Kletterrosen, die sich schön an Mauern, am Hauseingang und als Sichtschutz macht.

Stauden

Wie Stehaufmännchen – jedes Jahr erneut zur Stelle

Stauden sind Pflanzen, die mindestens drei Jahre leben – aber nicht jede Pflanze, die älter als drei Jahre wird, ist eine Staude. Sie verholzen nicht, sondern bleiben krautig, also weich. Die typische Staude stirbt jeden Winter bis zum Boden ab. Ihre Wurzeln überleben kalte Winter. Die Knospen, die eine Staude schon für das nächste Jahr gebildet hat (Überwinterungsknospen), liegen nur knapp unter der Erdoberfläche, oft sogar sichtbar. Deshalb dürfen z. B. Pfingstrosen, Rittersporn oder Phlox nicht zu tief gepflanzt werden. Sie würden nicht blühen. Da Sie die Stauden fast ausschließlich in Töpfen kaufen werden, pflanzen Sie sie in der gleichen Höhe, wie sie im Topf stehen.

Sommerblumen haben ein sehr begrenztes Lebensalter, höchstens zwei Jahre. Stauden dagegen kommen und gehen und kommen und gehen … Dabei werden sie größer und schöner. Das möchten sie jedenfalls. Oft hängt es vom jeweiligen Klima ab, ob eine krautige Pflanze mehrjährig ist oder nicht. So kann der Fingerhut in dem einen Garten nur zweijährig sein. Er bildet im ersten Jahr eine Blattrosette, die überwintert, im zweiten Jahr blüht er und stirbt ab. In sehr mildem Klima kann er durchaus älter werden. Indem er sich aber fleißig aussät, ist er immer da. Was Staude ist und was nicht, ist oft schwer abzugrenzen. Der Lavendel z. B. ist so ein »Zwischending«. Halb Staude, halb Strauch – ein Halbstrauch. Seine unteren Teile verholzen, die oberen bleiben weich und sterben im Winter ab.

Vorteil: Stauden sind dankbare Geschöpfe. Sie kehren zuverlässig jedes Jahr wieder und werden von Jahr zu Jahr schöner. Manche können 20–25 Jahre alt werden (Pfingstrosen). Viele sind sehr »beweglich«. Gefällt es ihnen an einer Stelle nicht, lassen sie sich im ersten Jahr ganz leicht versetzen oder auch verschenken. Pfingstrosen allerdings sind sesshaft. Sie möchten dort bleiben, wo sie sind.

Nachteil: Außerhalb der Saison ist nichts zu sehen als nackte Erde. Ein reines Staudenbeet ist ein reiner Sommergenuss. Es ist fast eine Kunst, es so zu gestalten, dass es gut wirkt. Um es dann zu erhalten, ist ständiges Stützen, Schneiden, Teilen, Versetzen und Düngen erforderlich. Alles andere als einfach. Mit ein paar Tipps geht es aber auch leichter.

Eine sommerliche Staudenrabatte – harmonisch in den Farben, abwechslungsreich in der Höhe.

Als Regenbogen

– so bunt, so schillernd auf- und absteigend, könnte man sich die Vielfalt der Stauden vorstellen. Und mit ihnen spielen. Zwischen und unter Bäumen und Sträuchern – mit Zwiebelblumen, die schon blühen, bevor die Stauden sich aufraffen – lassen sich herrliche Bilder »malen«. Solch eine **gemischte Rabatte** löst auch das alte Problem des »Umfallens«. Hohe Stauden, wie Rittersporn, brauchen etwas zum Stützen, Anlehnen oder Hindurchwachsen. Das Wichtigste ist natürlich die Blüte. Doch was kommt danach? Immergrünes Laub (Christrose), dekorative Fruchtstände (Prachtspiere) und schönes Laub (Hosta) – achten Sie auf die Pflanze als Ganzes. Ein Tränendes Herz verschwindet schon im Hochsommer, eine Herbst-Anemone daneben füllt die Lücke. So werden kahle Stellen vermieden, die **Blühsaison** verlängert, und die Arbeit wird erleichtert.

Duftige Gräser lockern ein Staudenbeet auf und verstärken die Wirkung der Einzelpflanzen.

- **Frühling**: Noch ist man nicht so verwöhnt. Von den meisten Stauden ist noch nichts zu sehen. Grün ist die Hauptfarbe. Die ersten Blüten werden freudig begrüßt. **Christrosen,** auf sie möchte ich nicht verzichten. Nicht nur, dass sie die bösen Geister vom Haus fern halten sollen, sie sind die Vorboten des Frühlings. Mit langer Blütezeit, immergrün und absolut easy. **Tränendes Herz,** es kommt mit rasantem Tempo aus der Erde. Die herzförmigen Blüten in Rosa oder Weiß sind ganz entzückend. Selbst der rötliche Austrieb der **Pfingstrosen** ist faszinierend. In dieser Zeit stecke ich Weidenruten bogenförmig darüber. Eine natürliche Stütze, durch die die Pflanzen dann wachsen. Das hält einige Jahre. Passen Sie nur auf, dass die Weiden nicht zu wachsen anfangen.

- **Hochsommer**: Der Höhepunkt eines Staudenbeets. Selbst die »Späten« haben als Austrieb ihren zugewiesenen Platz eingenommen. So viele Blüten, so viele Farben. Vorsicht. Es wird leicht ein »Zuviel«. Die Farben sollten harmonieren. Orange und Rosa sieht nicht gut zusammen aus. Sie erleichtern sich die Gestaltung, indem Sie weniger Farben nehmen, dafür mehr Blütenformen. Viele ähnliche Formen, wie Sonnenauge, Sonnenbraut und Astern, wirken nicht abwechslungsreich.

- **Spätsommer/Herbst**: Jetzt ändert sich die Stimmung im Garten. Die Farben werden wärmer. Rostrot, Kupfer und Bronze ergänzen die Herbstfärbung des Laubs. **Astern**, **Herbst-Anemonen** und **Sedum** gehören ins Bild. Bei diesen »Späten« ist es schön, wenn die Pflanze auch vor der Blüte attraktiv aussieht. Der Regenbogen geht langsam unter.

Wenn die Saison

zu Ende geht, stellt sich die Frage, was abgeschnitten wird und was nicht. Weiches Laub überlebt den ersten Frost nicht. Es fällt in sich zusammen. Die Frage hat sich erledigt. Aber alles, was einigermaßen dekorativ aussieht, rotbraun und fest ist, kann bis zum Frühling stehen bleiben.

Gold-Garbe
(Achillea filipendulina)

⬆ 70–120 cm ✿ 6–9 ○

Bekannter und beliebter Langzeitblüher für bunte Staudenrabatten.
Wuchs: Aufrecht, horstartig, mit fein gefiedertem graugrünem Laub.
Blüte: Schirmförmige Teller aus vielen kleinen gelben Körbchenblüten auf straff aufrechten Stielen.
Standort: Normaler Boden in sonniger Lage, eher trockener als zu feucht.
Pflege: Verblühte Blütenstände abschneiden, das verlängert die Blütezeit. Rückschnitt bis zum Boden erst im Winter. Mäßig düngen.
Tipps: Haltbare Schnittblume, lässt sich gut mit blau blühenden Arten wie Kugeldistel, Rittersporn oder Sommer-Salbei sowie Gräsern kombinieren.

Sorten: 'Coronation Gold', gelb, graulaubig; 80 cm; 'Parker's Variety', gelb, 100–120 cm.
Weitere Art: Schafgarbe *(A. millefolium)*, 50–80 cm, blüht 6–8, insgesamt zarter, duftiger, mit Sorten in Rosa- und Rottönen.

Frauenmantel
(Alchemilla mollis)

⬆ 30–40 cm ✿ 6–7 ○–◑

Robuste Staude mit attraktivem Laub und duftigem Blütenschleier.
Wuchs: Horstartig, insgesamt wie eine Halbkugel, mit großen, rundlichen, gelappten Blättern in stumpfem Grün, wunderschön am Morgen mit perlenartigen Tropfen aus Drüsen an den Rändern.
Blüte: Dichte grüngelbe Schleier aus sehr kleinen Blütchen in kugeligen Rispen.
Standort: Frische bis feuchte, nährstoffreiche Böden.
Pflege: Schneidet man die Blütenstände nach dem Verblühen zurück, treiben neue Blätter und die Horste bleiben schön kompakt.
Tipps: Sehr vielseitig verwend- und kombinierbar, eignet sich sowohl für das Staudenbeet als ruhiger Blattschmuck als auch für den Teichrand.

Herbst-Anemone
(Anemone-Japonica-Hybriden)

⬆ 60–120 cm ✿ 8–10 ◑

Wunderschöner langlebiger Herbstblüher für Staudenbeet und Gehölzrand.
Wuchs: Aufrecht mit stark verzweigten Stängeln, wächst durch Ausläufer in die Breite, große, dreilappige Blätter.
Blüte: Etwa 6 cm große Blütenschalen in Rosa oder Weiß.
Standort: Nährstoffreiche, humose, nicht zu trockene Böden.
Pflege: In Trockenperioden wässern, organisch düngen, in rauen Lagen vor allem Jungpflanzen im Winter mit Laubdecke schützen.
Tipps: Wirkt sehr schön zusammen mit hohen Gräsern.

Sorten: 'Honorine Jobert', weiß, 80 cm; 'Rosenschale', dunkelrosa, großblütig, 80 cm. Die Sorten werden im Handel teils als *A. japonica,* teils als *A.*-Hybriden geführt.

Akelei
(Aquilegia vulgaris, A.-Hybriden)

⬆ 40–80 cm ✿ 5–6 ◑

Hübsche, anspruchslose Pflanzen mit duftigen Blüten, die sich leicht versamen.

Wuchs: Aufrecht, in lockeren Horsten, mit dreiteiligen, rundlichen Blättern.

Blüte: Auffällige Blüten mit langem Sporn in reichblütigen Trauben über dem Laub. Bei der Art Blauviolett, Rosa oder Weiß, bei den Hybriden auch zweifarbig.

Standort: Am halbschattigen Gehölzrand oder im Beet, auf normalem bis leicht feuchtem Gartenboden.

Pflege: Die Pflanzen sind kurzlebig, verbreiten sich aber durch Selbstaussaat. Vorsicht, giftig!

Tipps: Passt wunderbar im Naturgarten zum Verwildern. Im Beet wegen des frühen Einziehens eher in den Hintergrund pflanzen.

Sorten: 'McKana-Hybriden', eine Mischung großblütiger Sorten mit langem Sporn in bunten Farben.

Kissen-Aster
*(Aster-*Dumosus-Hybriden)

⬆ 20–40 cm ✿ 9–10 ○

Üppige herbstliche Blütenkissen in satten bunten Farben, am besten im Vordergrund von Staudenbeeten.

Wuchs: Kompakt und kissen- bis teppichförmig mit kleinen lanzettlichen Blättern, breitet sich kriechend aus.

Blüte: Sternförmige Körbchenblüten mit gelbbrauner Mitte und zarten Blütenstrahlen in Violett, Rot, Rosa oder Weiß.

Standort: Nährstoffreiche, frische bis feuchte Böden in sonniger Lage.

Pflege: Wie viele Astern bei Trockenheit etwas anfällig gegen Mehltau, daher ausreichend wässern. Organisch düngen, nach der Blüte zurückschneiden.

Tipps: Wirkt sehr schön zusammen mit Herbst-Astern und Gräsern.

Sorten: Große Sortenpalette; zu empfehlen sind u. a. 'Prof. Anton Kippenberg', blauviolett, 40 cm; 'Kassel', karminrot, 40 cm; 'Heinz Richard', rosa, 30 cm; 'Kristina', weiß, 30 cm.

Herbst-Aster, Glattblatt-Aster
(Aster novi-belgii)

⬆ 80–140 cm ✿ 9–10 ○

Dieser reiche Herbstblüher bringt Staudenbeete zum Aufleuchten.

Wuchs: Aufrechte Horste, kriecht durch kurze Ausläufer, lanzettliches Laub.

Blüte: Körbchenblüten in dichten kuppelförmigen Rispen, ihre Farben reichen von Violett über Rot und Rosa bis Weiß.

Standort: Humose, nährstoffreiche, frische bis feuchte Gartenböden. Trockene, sandige Böden meiden!

Pflege: Bei Trockenheit wässern (Vorbeugung gegen Mehltau), ausgewogen düngen. Bei Standschwäche (abhängig vom Boden) die Pflanzen stäben.

Tipps: Gute Schnittstaude. Gute Partner sind Sonnenaugen und Sonnenblumen, Kissen-Astern, hohe Gräser.

Sorten: Viele Sorten, darunter 'Dauerblau', blau, 120 cm; 'Schöne von Dietlikon', violettblau, 120 cm.

Astilbe, Prachtspiere
(Astilbe-Hybriden)

⬆ 40–120 cm ✿ 6–9 ◑

Astilben sind unentbehrliche Blüher im Halbschatten vor Gehölzen, den sie mit ihren duftigen Blüten beleben.
Wuchs: Aufrechte, horstartige Büsche mit gefiedertem, gezähntem Laub.
Blüte: Fedrige aufrechte bis überhängende Rispen aus winzigen Blüten, in Weiß, Rosa, Rot oder Violett.
Standort: Nährstoffreiche, humose, frische bis feuchte Böden.
Pflege: Ausreichend wässern und düngen, am besten organisch. Die Blütentriebe im Frühjahr zurückschneiden.
Tipps: Die einzelnen Sortengruppen unterscheiden sich in Blütezeit und Wuchs, daher mehrere kombinieren. Schön mit Farnen und Gräsern.

Sorten: *A.*-Japonica-Hybriden: früh blühend, 40–60 cm; *A.*-Arendsii-Hybriden: wichtigste Gruppe (»**Garten-Astilben**«), 60–120 cm, blüht 7–9;
Weitere Art: *A. chinensis* var. *pumila*, beliebter Bodendecker, rosa, nur 20–30 cm.

Riesen-Glockenblume
(Campanula lactiflora)

⬆ 80–120 cm ✿ 6–8 ○–◑

Imposante, reich blühende Erscheinung auf Staudenrabatten und am Gehölzrand.
Wuchs: Große Horste mit leicht übergeneigten, hohen Trieben, Blätter eiförmig zugespitzt.
Blüte: Unzählige sternförmige breitglockige Blüten in dichten Rispen, in Zartviolett, Rosa oder Weiß.
Standort: Frische bis feuchte, nährstoffreiche, humose Böden.
Pflege: Ausreichend wässern und düngen, bei Bedarf stützen. Nach der Blüte im Herbst zurückschneiden.
Tipps: Wirkt sehr schön mit Astilben, Storchschnabel, Hosta und Gräsern.

Weitere Arten: *C. persicifolia*, die **Pfirsichblättrige Glockenblume**, große Glockenblüten in Violett oder Weiß ('Grandiflora Alba'), blüht 6–7, 60–80 cm, sonnig bis halbschattig. *C. poscharskyana* reich und sommerlang blühend, pflegeleicht, wächst kriechend mit langen Trieben, für sonnige bis halbschattige Mauerritzen, Beetränder und Fugen, blüht 6–9, 10–20 cm.

Rittersporn
(Delphinium-Hybriden)

⬆ 80–200 cm ✿ 6–8/9–10 ○

Die eindrucksvollen Blautöne dürfen in keiner Rabatte fehlen.
Wuchs: Straff aufrechte, große Horste mit handförmig zerteilten Blättern.
Blüte: Sehr dichte, aufrechte Blütenkerzen über dem Laub, in Blau, Violett, auch Rosa und Weiß, oft mit »Auge«.
Standort: Nährstoffreicher, guter Gartenboden.
Pflege: Den Austrieb vor Schneckenfraß schützen! Gut wässern und düngen. Nach der Blüte bis fast zum Boden zurückschneiden, dann erhält man eine Zweitblüte. Hohe Sorten stützen.
Tipps: Wegen der Blütezeit der klassische Rosen-Begleiter, außerdem schön mit gelb oder weiß blühenden Stauden.

Sorten: Belladonna-Hybriden: 80–120 cm, grazil und weniger dichtblütig, z. B. 'Piccolo', Azurblau, 80 cm. Elatum-Hybriden: 120–200 cm, dichtblütg, z. B. 'Lanzenträger', enzianblau mit weißem Auge, 200 cm. Pacific-Hybriden: groß- und dichtblütig, 150–180 cm, etwas kurzlebig.

Tränendes Herz
(Dicentra spectabilis)

⬆ 60–80 cm ✿ 5–6 ◑–○

Diese reizende Staude begeistert jedes Frühjahr aufs Neue.
Wuchs: Lockere, breite Horste mit bogigen Trieben, gefiederte, rundliche Blätter.
Blüte: Herzförmig mit weißem Tränentropfen in der Mitte, rosa oder weiß.
Standort: Im lichten Schatten in humoser, frischer bis feuchter Erde, bei ausreichender Bodenfeuchte auch in der Sonne.
Pflege: Braucht außer gelegentlich etwas Dünger kaum Pflege. Wird mit der Zeit immer schöner, daher möglichst nicht verpflanzen.
Tipps: Schön im Bauerngarten. Zieht nach der Blüte ein, daher nicht nach vorne, sondern in die Mitte einer Rabatte pflanzen.

Sorten: 'Alba', blüht weiß.

Fingerhut
(Digitalis purpurea)

⬆ 100–150 cm ✿ 6–7 ◑–●

Der Fingerhut ist meist zweijährig, stirbt also nach der Blüte ab, doch erhält er sich durch Selbstaussaat.
Wuchs: Grundständige Blattrosette und straff aufrechte, beblätterte Triebe mit eiförmigem, behaartem Laub.
Blüte: Große, rosafarbene oder weiße hängende Blütenglocken stehen dicht an dicht in einer hohen Traube.
Standort: Humose, lockere Böden im Halbschatten.
Pflege: Robuste Wildstaude, die keine Pflege benötigt. Durch Rückschnitt nach der Blüte lässt sich die Lebensdauer verlängern.
Tipps: Vorsicht, stark giftig!

Sorten: 'Gloxiniaeflora', großblütige Farbmischung.

Kugeldistel
(Echinops ritro)

⬆ 80–100 cm ✿ 7–9 ○

Das intensive Blau und die eigentümliche Blütenform wirken auf jedem Beet faszinierend.
Wuchs: Aufrecht mit stark zerteilten, bestachelten Blättern.
Blüte: Kugelrunde, knapp 4 cm große Blütenbälle aus zahlreichen Einzelblüten.
Standort: Lockere, eher trockene bis frische Böden. Auf schweren oder feuchten Böden nicht standfest.
Pflege: Keine Pflege nötig, bei Bedarf stützen. Erst im Frühjahr zurückschneiden.
Tipps: Schön im Staudenbeet zusammen mit Schaf- oder Edelgarbe, Garten-Margerite, Rosen und Gräsern.

Sorten: 'Veitch's Blue', stahlblaue Blüten, 80 cm.

Feinstrahlaster
(Erigeron-Hybriden)

⬆ 50–80 cm ✿ 6–7/9 ○

Wie zarte mittelhohe Astern wirken diese reichblütigen Beetstauden.
Wuchs: Aufrechte Horste mit straffen Blütenstielen, längliche Blätter.
Blüte: Sternförmige Körbchenblüten mit langen, feinen Strahlen am Rand und gelber Mitte, in Violett, Blau, Rot, Rosa und Weiß.
Standort: Lockere, nährstoffreiche Gartenböden in sonniger Lage.
Pflege: Rückschnitt nach der Blüte bis auf den Boden sorgt für Neuaustrieb und eine zweite Blüte. Gelegentliche Teilung erhält die Blühfreudigkeit.
Tipps: Wunderbarer Begleiter von Rosen und Rittersporn, zusammen mit Gräsern.

Sorten: 'Dunkelste Aller', tief blauviolett, 60 cm; 'Rosa Triumph', rosa, 70 cm; 'Sommerneuschnee', weiß, rosa überhaucht, 60 cm.

Pracht-Storchschnabel
(Geranium × magnificum)

⬆ 40–60 cm ✿ 6–7 ○–◑

Pflegeleicht und zuverlässig blühend – eine echte easy-Pflanze im Staudenbeet.
Wuchs: Bildet hohe Horste mit aufrechten Trieben und großen, handförmig zerteilten Blättern.
Blüte: Große, leuchtend blauviolette Schalenblüten über dem Laub.
Standort: Jeder normale nährstoffreiche Gartenboden.
Pflege: Nach der Blüte zurückschneiden. Sonst kaum Pflege nötig.
Tipps: Robuster Lückenfüller im Beet und am Gehölzrand, schön mit Frauenmantel, Garten-Margeriten und Rosen.

Weitere Arten: *G. psilostemon*, 60–120 cm, blüht 6–7 mit leuchtend magentaroten Blüten mit schwarzem Auge, ein Blickfang im Beet, nicht immer standfest (stützen), braucht in rauen Lagen Winterschutz; *G. sanguineum*, **Blut-Storchschnabel**, Bodendecker für sonnige bis halbschattige Stellen auf eher trockenen Böden, blüht karminrot 5–8, 10–30 cm.

Riesen-Schleierkraut
(Gypsophila paniculata)

⬆ 80–120 cm ✿ 6–9 ○

Die duftigen Blütenschleier überziehen die Blütenteppiche der Staudenrabatte und verbinden die Pflanzung.
Wuchs: Rundlich, mit sehr stark verzweigten, brüchigen Trieben.
Blüte: Kleine weiße oder zartrosa Blütchen an den Enden der Stiele, wirken insgesamt schleierartig.
Standort: Lockere, durchlässige, eher trockene Böden in sonniger Lage.
Pflege: Pflegeleicht, kann nach der Blüte zurückgeschnitten werden. Ein Verpflanzen ist wegen der Pfahlwurzel schwierig.
Tipps: Eignet sich gut als Schnittblume. Wunderschön in einer Rosenpflanzung, aber auch mit verschiedensten Stauden für trockenere Lagen.

Sorten: 'Bristol Fairy', größere, gefüllte Blüten, 100 cm.

Sonnenbraut
(Helenium-Hybriden)

⬆ 80–150 cm ✿ 6–9 ○

Robuster und pflegeleichter Sommerblüher in warmen Farbtönen.

Wuchs: Bildet große aufrechte Horste aus dicht beblätterten Trieben.

Blüte: Tellerförmige Körbchenblüte mit halbkugeliger Mitte, erscheinen reichlich an verzweigten Stängeln, in Gelb-, Orange- und braunroten Tönen.

Standort: Nährstoffreiche, frische bis feuchte Böden in sonniger Lage, keine zu trockenen Böden wählen.

Pflege: Bei Trockenheit wässern und bei Bedarf stützen. Schneidet man die Blütentriebe nach dem Abblühen regelmäßig zurück, verlängert sich die Blütezeit.

Tipps: Wunderschön im Staudenbeet zusammen mit Sonnenaugen, Herbst-Astern, Gräsern. Gute Schnittblume.

Sorten: 'Baudirektor Linne', rotbraun, 120 cm; 'Goldrausch', goldgelb mit brauner Mitte, 120–150 cm; 'Waltraud', braunorange, 80–100 cm.

Stauden-Sonnenblume
(Helianthus decapetalus)

⬆ 120–150 cm ✿ 8–9 ○

Robust und blühfreudig, lassen sie sich auf Rabatten, am Teichrand und als Sichtschutz pflanzen.

Wuchs: Üppige Horste mit aufrechten Trieben, die mit großen, eiförmigen Blättern besetzt sind.

Blüte: Große, gelbe »Sonnenblumen« an verzweigten Stielen, ungefüllt oder gefüllt, deutlich kleiner als bei den einjährigen Verwandten.

Standort: Nährstoffreiche, frische bis feuchte Gartenböden an vollsonnigen Plätzen.

Pflege: Ausreichend wässern und düngen. Verblühtes regelmäßig ausschneiden, um die Blütezeit auszudehnen.

Tipps: Wirken sehr schön mit Herbst-Astern, Sonnenbraut, Rittersporn, Gräsern.

Sorten: 'Capenoch Star', hellgelb, ungefüllt, 120 cm; 'Soleil d'Or', goldgelb, gefüllt, 140 cm.

Sonnenauge
(Heliopsis helianthoides)

⬆ 80–150 cm ✿ 7–9 ○

Gelber Klassiker für das Sommerbeet.

Wuchs: Breite, buschige Horste mit hohen Stielen und breit lanzettlichem Laub.

Blüte: Große, gelbe Körbchenblüten mit breiten Blütenstrahlen und erhöhter Mitte.

Standort: Nährstoffreiche, nicht leicht austrocknende Böden in sonniger Lage.

Pflege: Pflegeleicht, durch Ausschneiden verblühter Triebe verlängert sich die Blütezeit. Nach der Blüte zurückschneiden.

Tipps: Schöne Kombinationen ergeben sich mit Herbst-Astern, Sonnenbraut und Rittersporn. Haltbare Schnittblume.

Sorten: 'Goldgefieder', goldgelb, gefüllt, 130 cm; 'Hohlspiegel', goldgelb, halbgefüllt und großblütig, 130 cm; 'Venus', orangegelb, ungefüllt, 150 cm, gute Schnittsorte. Häufig laufen die Sorten im Handel unter var. *scabra*.

Nieswurz, Lenzrose
(*Helleborus*-Hybriden)

⬆ 30–40 cm ✿ 2–4 ◑

Zarte Frühjahrsblüher mit aparten Blüten.
Wuchs: Langlebige, kompakte Horste mit unterirdisch kriechenden Rhizomen (Wurzelstöcken) und fächerförmigen, ledrigen, wintergrünen Blättern.
Blüte: Große, nickende Schalenblüten in dunklen Rottönen, Rosa, Weiß, auch Gelb, häufig im Innern gepunktet, teilweise gefüllt.
Standort: Humose, lockere, kalkhaltige Böden, bevorzugt unter Gehölzen im lichten Schatten.
Pflege: Die Blätter im Frühjahr erst zurückschneiden. Sonst keine Pflege nötig.
Tipps: Vorsicht, die Pflanzen sind giftig.

Sorten: Die im Handel erhältlichen Sorten sind meist *H.*-Orientalis-Hybriden und werden häufig ohne Namen verkauft.
Weitere Art: *H. niger*, die Christrose, blüht 12–3 mit großen, reinweißen Blüten, 20–30 cm, braucht lockeren, kalkhaltigen Boden.

Taglilie
(*Hemerocallis*-Hybriden)

⬆ 50–100 cm ✿ 6–9 ○–◑

Sehr pflegeleicht und unermüdlich blühend, bereichern Taglilien jedes Beet.
Wuchs: Breite, grasartige Horste mit langen, linealischen Blättern.
Blüte: Lilienartige, trichterförmige bis glockige Blüten in je nach Sorte unterschiedlicher Größe. Die Farbpalette reicht von Gelb über Orange, Rosa, Apricot, Rot bis Braun sowie Creme. Die Einzelblüte bleibt nur einen Tag geöffnet, doch bilden sich ständig neue.
Standort: Nährstoffreiche, nicht zu trockene Böden. Je schattiger, desto weniger Blüten werden gebildet.
Pflege: Stiele nach dem Verblühen abschneiden, sonst keine Pflege nötig.
Tipps: Taglilien lassen sich sowohl im Beet als auch am Teichrand einsetzen.

Sorten: Es gibt tausende von Sorte, von Miniatur-Taglilien über klein- bis großblütige Formen (Blüten 5–15 cm Durchmesser).

Hosta, Funkie
(*Hosta*-Arten und -Hybriden)

⬆ 20–100 cm ✿ 6–8 ◑–●

Eine der schönsten und robustesten Blattschmuckstauden.
Wuchs: Horstförmig mit großen, herzförmigen, stark geäderten Blättern.
Blüte: Hängende, längliche Glockenblüten in langen Trauben über dem Laub, in Violett oder Weiß, häufig duftend.
Standort: Humose, nährstoffreiche, nicht zu trockene Böden.
Pflege: Außer ab und zu etwas organischem Dünger keine Pflege nötig. Leider sind sie auch bei Schnecken beliebt.
Tipps: Funkien lassen sich sehr vielseitig verwenden – im Beet, am Gehölzrand, als Bodendecker im Kübel und am Teich – und durch die klare Blattform sehr gut kombinieren.

Sorten: Die Palette ist sehr vielfältig, es gibt Grünblatt-, Gelbblatt- und Blaublattfunkien sowie solche mit weiß gerändertem oder gezeichnetem Laub.

Bart-Iris, Schwertlilie

(Iris-Barbata-Hybriden)

15–120 cm ✿ 4–6 ○

Durch ihre aparte Blütenform und die unglaubliche Farbpalette wirken die Iris äußerst faszinierend.

Wuchs: Horste aus sich verzweigenden, nahe der Oberfläche kriechenden Rhizomen mit Büscheln schwertförmiger graugrüner Blätter.

Blüte: Aus je drei aufrechten und herabgeschlagenen Blütenblättern mit oft kontrastierendem »Bart« zusammengesetzt, an straffen Stielen, in überreichem Farbspektrum, auch zweifarbig.

Standort: Nährstoffreiche, durchlässige, eher trockene Böden.

Pflege: Die Rhizome flach und waagerecht so pflanzen, dass sie gerade mit Erde bedeckt sind. Rückschnitt der Triebe nach der Blüte.

Sorten: Sie werden eingeteilt in Nana-Hybriden, nur 15–30 cm, früh blühend; Media-Hybriden, 40–60 cm; Elatior-Hybriden, 60–120 cm hoch.

Lavendel

(Lavandula angustifolia)

30–60 cm ✿ 6–8 ○

Die aromatisch duftenden Polster bringen mediterranes Flair in den Garten.

Wuchs: Buschige Polster aus am Grund verholzenden Trieben mit sehr schmalen, graugrünen Blättern – bildet einen Halbstrauch.

Blüte: Kleine violette, rosa oder weiße Lippenblüten in dichten Ähren auf straffen, kahlen Stielen über dem Laub.

Standort: Durchlässige, kalkhaltige, eher trockene Böden in voller Sonne.

Pflege: Im Frühjahr werden die Triebe scharf zurückgeschnitten, dann bleiben die Polster schön kompakt. Verblühtes ausschneiden.

Tipps: Ob Beeteinfassung, niedrige Hecke oder Rosenbegleiter, ob im Duft- oder im Bauerngarten – Lavendel fügt sich sehr gut ein.

Sorten: 'Alba', weiß; 'Hidcote Blue', tief violett.

Sommer-Margerite, Garten-Chrysantheme

(Leucanthemum × superbum, Syn.: *L.*-Maximum-Hybriden)

60–90 cm ✿ 6–7/9 ○

Leuchtkräftige Staude für farbprächtige Beete.

Wuchs: Breite Horste aufrechter Triebe mit lanzettlichem, dunkelgrünem Laub.

Blüte: Große schneeweiße, gefüllte oder ungefüllte Margeritenblüten mit gelblicher Mitte.

Standort: Nährstoffreiche, frische, nicht zu feuchte Gartenböden.

Pflege: Ausreichend wässern und düngen. Durch Rückschnitt nach der Blüte erhält man eine Zweitblüte. Bei Bedarf stützen.

Tipps: Die weiße Blütenfarbe lässt sich sehr gut kombinieren, etwa mit Pracht-Storchschnabel, Rittersporn, Phlox und Kugeldistel. Gute Schnittblume.

Sorten: 'Gruppenstolz', ungefüllt, 60 cm; 'Wirral Supreme', dicht gefüllt, straffe Stiele, 80 cm.

Katzenminze
(Nepeta × faassenii)

⬆ 30–60 cm ✿ 5–9 ○

Hervorragender, duftig wirkender Rosenbegleiter, auch für Katzen unwiderstehlich.

Wuchs: Buschig, mit bogigen, aufrechten Trieben und schlanken, graugrünen, aromatisch duftenden Blättern.

Blüte: Blauviolette oder weiße Lippenblüten in Quirlen, die lange Kerzen bilden.

Standort: Durchlässige, eher trockene bis frische Böden in voller Sonne.

Pflege: Triebe nach der Blüte bis unter die Blüten zurückschneiden, dann gibt es eine Zweitblüte. Mäßig düngen.

Tipps: Katzenminze lässt sich wunderbar als Beet- oder Wegeinfassung und in der Rabatte zusammen mit z. B. Rosen, Gräsern oder Gold-Garbe verwenden.

Sorten: 'Six Hills Giant', blauviolett, größer als die Art, 50 cm; 'Snowflake', weiß, nur 30 cm; 'Walker's Low', blau, großblütig, 50–60 cm.

Edel-Pfingstrose, Stauden-Päonie
(Paeonia-Lactiflora-Hybriden)

⬆ 60–100 cm ✿ 5–6 ○

Einmalig schöne Blüten und dekoratives Laub – eine Bereicherung für jeden Garten.

Wuchs: Breite Horste mit großen, gefiederten, dunkelgrünen Blättern.

Blüte: Große, schalen- bis ballförmige Blüten, ungefüllt, bis dicht gefüllt, in Weiß- Rosa- und Rottönen, oft mit Duft.

Standort: Nährstoffreiche, frische Gartenböden, keine Staunässe.

Pflege: Im Herbst pflanzen und nur ca. 3 cm mit Erde bedecken. Im Frühjahr Mulchdecke entfernen, organisch düngen, bei Bedarf Stütze anbringen. Verblühte Blüten abschneiden. Möglichst nicht verpflanzen, wird von Jahr zu Jahr schöner.

Sorten: Die Palette ist unüberschaubar groß, wählen Sie einfach ganz nach Ihrem Geschmack.
Weitere Arten: *P. officinalis*, **Bauern-Pfingstrose**, 80 cm, blüht 5, mit großen, dicht gefüllten Blüten in Rot, Rosa oder Weiß; *P. suffruticosa*, die **Strauch-Pfingstrose**, in vielen Sorten, verholzender Strauch, wunderschöne, sehr große Blüten in Weiß-, Gelb-, Rosa- und Rottönen, oft mit dunklen Grundflecken, 100–200 cm, blüht 5–6.

Stauden-Phlox, Hohe Flammenblume
(Phlox-Paniculata-Hybriden)

⬆ 70–130 cm ✿ 7–9 ○–◐

Lang anhaltende, üppige Blüte und vor allem betörender Duft machen ihn zum Liebling vieler Gartenfreunde.

Wuchs: Aufrechte Horste aus dicht mit schlanken Blättern besetzten Trieben.

Blüte: Dichte, kuppelförmige Trauben aus tellerförmigen, stark duftenden Blüten in Weiß, Orange, Rosa, Rot, Violett, oft mit dunklerer oder andersfarbiger Mitte.

Standort: Nährstoffreicher, gleichmäßig frischer bis feuchter Boden.

Pflege: Regelmäßig ausreichend wässern und düngen (bietet Schutz vor Mehltau und Älchen), bei Bedarf stützen. Rückschnitt nach der Blüte.

Tipps: Am besten gruppenweise verschiedene Sorten pflanzen. Schön mit Rittersporn, Sonnenhut und Gräsern.

Sorten: U.a. 'Düsterlohe', rotviolett, 90 cm; 'Graf Zeppelin', schneeweiß mit rotem Auge, 80 cm; 'Landhochzeit', rosa mit rotem Auge, 120 cm.

Sonnenhut
(Rudbeckia fulgida)

⬆ 50–80 cm ✿ 7–9 ○

Eine der wichtigsten gelben Sommerblüher für die Rabatte.
Wuchs: Straff aufrechte Horste, Triebe mit breit lanzettlichen Blättern.
Blüte: Große »Margeritenblüten« mit schlanken, leicht hängenden, goldgelben Strahlen und schwarzbrauner halbkugeliger Mitte.
Standort: Nährstoffreiche, frische bis feuchte Böden.
Pflege: Ausreichend wässern und düngen. Verblühte Triebe ausschneiden, um die Blütezeit zu verlängern. Rückschnitt erst im Frühjahr.
Tipps: Am besten in Gruppen pflanzen. Lässt sich vielseitig kombinieren, etwa mit Phlox, Sonnenbraut, Stauden-Sonnenblumen, Herbst-Astern, Gräsern.

Sorten: 'Goldsturm', beste und häufigste Sorte, auch unter *R. fulgida* var. *sullivantii* geführt, goldgelb, 60–80 cm, 7–9.

Sommer-Salbei
(Salvia nemorosa)

⬆ 40–70 cm ✿ 6–7/9 ○

Wichtiger Leuchtfleck und pflegeleichter Lückenfüller für das Staudenbeet.
Wuchs: Breite, aufrechte Horste, Triebe mit eiförmigen, aromatischen Blättern.
Blüte: Violette, blaue, rosa oder weiße Lippenblüten in dichten Kerzen über dem Laub.
Standort: Durchlässige, eher trockene, kalkhaltige Böden in voller Sonne.
Pflege: Nach der Blüte scharf zurückschneiden, um die zweite Blüte anzuregen, außerdem zugleich düngen.
Tipps: Passt sehr gut zu Rosen und gelb blühenden Stauden wie Gold-Garbe und Sonnenauge sowie zu Gräsern.

Sorten: 'Adrian', weiß, 40 cm; 'Blauhügel', mittelblau, 40 cm; 'Ostfriesland', violettblau, 50 cm.

Herbst-Fetthenne Blumen-Sedum
(Sedum telephium)

⬆ 40–60 cm ✿ 8–10 ○

Ein idealer, äußerst robuster Staudenbegleiter für den Spätsommer und Herbst.
Wuchs: Breite Horste aus Trieben mit fleischigen, ovalen, graugrünen Blättern.
Blüte: Große schirmförmige Dolden aus kleinen Blütensternen in Rosa bis Rot.
Standort: Trockene bis frische, durchlässige Böden.
Pflege: Braucht praktisch keine Pflege. Erst im Frühjahr zurückschneiden.
Tipps: Sorgt zusammen mit Gräsern, Herbst- und Kissen-Astern, Sonnenhut und anderen für sehr schöne Herbststimmung im Beet.

Sorten: 'Herbstfreude', braunrot, 50 cm, 8–10. *S.*-Hybride 'Matrona', rosa Blüten auf roten Stielen, 60 cm, 8–10, Blätter purpurfarben überlaufen.

Gräser

Die schönen Unbekannten – noch viel zu selten verwendet

Stiefkinder in der Gartengestaltung waren die Gräser schon immer. Zu Unrecht. Warum führen sie so ein Dasein im Abseits? Gräser werden doch »nur« wegen ihres attraktiven Laubes gepflanzt. Und bei den Blüten läuft ihnen die Farbenpracht der Stauden den Rang ab. Wer so denkt, hat den Reiz der Gräser noch nicht entdeckt.

Ziergräser werden wenig gewürdigt und höchstens nebenbei mitgekauft. Wie schade, wenn man bedenkt, welchen Effekt sie im Garten bieten können.

Kaum jemand kennt sie beim Namen. Ihre Schlichtheit, die elegante Linie ihrer schmalen Blätter, die sich parallel vom Boden aus erheben, haben einen besonderen Reiz. Gräser sind zwar Blütenpflanzen. Die Blüten sind aber unscheinbar, da sie keine Insekten anlocken müssen. Sie werden vom Wind bestäubt. Wieder einmal ein typisches Beispiel, dass die Natur nichts Überflüssiges macht. Die duftigen Blütenstände jedoch sind sehr interessant, denn sie bringen »Bewegung« in den Garten – ein Aspekt, der viel zu wenig eingesetzt wird.

Gräser wirken nicht nur als Rasen, sondern auch im Staudenbeet – doch immer noch zu selten.

Gräser lieben Sonne und einen eher trockenen Standort. Jedenfalls die meisten. Viele vertragen aber auch Halbschatten. Es gibt Zwerge unter ihnen und Riesen, die über 1 m hoch werden. Meiden Sie alle, die unterirdische Ausläufer bilden. Sie kommen an den unmöglichsten Stellen wieder heraus, auch aus den Fugen Ihrer Terrasse. Die hier vorgestellten Gräser gehören nicht zu den aggressiven.

Ziergräser werden nach der großen Palette ihrer **Grüntöne** (von fast Blau bis Goldgelb) ausgesucht – nach ihren **Blütenrispen –** und nicht zuletzt nach ihrer **stattlichen Erscheinung.**

Gräser bringen Höhe in eine Pflanzung oder können als Unterbrechung eine sehr willkommene Abwechslung sein. **Hohe Gräser,** wie das Chinaschilf, wirken am besten einzeln – im Rasen, auch neben einer Einfahrt. Die Riesen-Segge bevorzugt einen feuchten Boden. Sie passt mit ihrem hängenden Wuchs optisch gut in die Nähe von Wasser. Mehr Platz als für **einen** Riesen hat man in einem kleinen Garten sowieso nicht. In einer Rabatte ist der beste Platz für ein hohes Gras entweder am Ende oder im Winkel des Beetes. **Kleinere Ziergräser,** wie die Japan-Segge, können in kleineren Gruppen auch zwischen andere Pflanzen gesetzt werden. Sie sind der ruhende Pol in einer farbintensiven Pflanzung – oder das Gegenteil. Durch ihre wogenden Ähren oder lockeren, tänzelnden Rispen bringen sie Bewegung in eine formale, eher steife Gestaltung.

Sehr dankbar ist das **Gartensandrohr.** Es wird nie zur Last fallen, denn es weiß gar nicht, was Wuchern ist. Die Sorte 'Karl Foerster' hat rosa-bronzefarbene, lockere Rispen. Sie erscheinen im Hochsommer, verblassen im Herbst zu Hellbraun und halten bis in den Winter hinein. Ein ähnliches Sonnenkind ist das **Chinaschilf.** Silbrige, fedrige Rispen und eine schöne Herbstfärbung des überhängenden Laubs sind seine Vorzüge. Nicht nur wegen des hübschen Namens möchte ich das **Lampenputzergras** herausstellen. Die äußerst dekorativen Büschel an den Enden der Halme standen Pate. Das Laub ist hübsch, im Herbst goldgelb, selbst im Winter eine Zierde. Ein Gras mit auflockernder, graziöser Wirkung.

Apropos »Gras«. Damit ist hier nicht der Rasen gemeint. Aber die Einzahl von »Gräser« ist nun einmal »Gras«. Vielleicht mit ein Grund, mehrere dieser anspruchslosen Gesellen in den Garten einziehen zu lassen. Jedenfalls von den kleineren. Von *Festuca,* dem **Schwingel,** gibt es unzählige Arten und Sorten. Meistens wird er wegen seines ungewöhnlichen bläulichen Laubes geschätzt. Es ist

Hohe Arten wie das imposante Chinaschilf eignen sich auch als Solitär und bieten einen tollen Blickfang.

aber nicht so einfach, diesen Farbton im Garten zu integrieren. Namen wie 'Blaufuchs' oder 'Blaufink' sagen alles. Der Atlas-Schwingel dagegen ist grün. Seine schlanken Rispen werden schon im Sommer entfernt, wenn sie nicht mehr ansehnlich sind. Niedrige Arten eignen sich als Rasenersatz auf kleinen Flächen. Das sieht sehr hübsch unter Bäumen aus. Und kann sogar gelegentlich betreten werden.

Gräser sind pflegeleicht. Viele gedeihen auf mageren Böden und ohne Dünger am besten. Gepflanzt und geteilt werden sie im Frühjahr. Um diese Zeit schneidet man auch trockene, abgestorbene Teile zurück. Danach sind sie zunächst kein schöner Anblick – ihre Art von »Auszeit«. Dafür haben sie den Garten im Herbst und im Winter interessant gemacht. Das **Chinaschilf** z. B. wirkt sehr schön mit seinen rötlichen oder silberfarbenen Blütenbüscheln. Es lässt sich in verschiedenen Sorten oder mit Herbstblühern als lockere, dekorative Gemeinschaft kombinieren – attraktiv bis in den November hinein.

Der erste Frost ändert das Aussehen eines jeden Gartens. Wenn der Anblick in der kalten Jahreszeit deprimierend ist, liegt es auch an uns. Vielleicht haben wir die Gräser vergessen. Sie kommen besonders gut zur Geltung, wenn ihre Konkurrenten sich längst verabschiedet haben. Dann leuchten sie in rötlichen Tönen wie die **Rutenhirse** 'Rehbraun' oder goldgelb wie das **Lampenputzergras.** Und mit Raureif überzogen, sehen sie einfach zauberhaft aus. Zücken Sie 'mal Ihren Fotoapparat!

Garten-Reitgras, Garten-Sandrohr
(Calamagrostis × acutiflora)

⬆ 40–60/120–150 cm ✿ 6–8 ○–◑

Beeindruckendes dichtes Gras mit schöner goldbrauner Herbstfärbung.
Wuchs: Straff aufrechte, kompakte Horste mit dichten Halmen und sehr schmalen Blättern, ohne Ausläufer.
Blüte: Cremefarbene fedrige Rispe, die jedoch nur während der Blüte ausgebreitet ist und sich danach schmal ährenartig zusammenzieht.
Standort: Normale Gartenböden.
Pflege: Außer Rückschnitt im Frühjahr keine Pflege nötig.
Tipps: Sehr vielfältig kombinierbares Gras für das Staudenbeet, das man am besten in Gruppen pflanzt. Schön u. a. mit Herbst-Astern, Stauden-Sonnenblume, Sonnenbraut und Sonnenhut.

Sorten: 'Karl Foerster', häufigste Sorte, 60/150 cm.

Japan-Segge
(Carex morrowii)

⬆ 30–40 cm ✿ 4–5 ◑–●

Ob einzeln oder in Gruppen, die Japan-Segge ist eines der schönsten immergrünen Gräser.
Wuchs: Flache breite Horste mit immergrünen, bogigen, feinen dunkelgrünen Blättern.
Blüte: Kleine gelbbraune Ähren.
Standort: Humose, frische bis feuchte Böden an beschatteten Plätzen.
Pflege: Bei Bedarf gießen, sonst keine Pflege notwendig.
Tipps: Diese Art aus der großen Gruppe der Seggen passt besonders gut an den Gehölzrand oder in schattige Beete, wo sie für Abwechslung und Struktur sorgt.

Sorten: 'Variegata', mit am Rand cremeweiß gestreiften Blättern, sonst wie die Art.
Weitere Art: *C. pendula*, **Hänge-** oder **Riesen-Segge**, 50–60/80–100 cm, immergrün mit breiteren, frischgrünen Blättern, blüht 6–7 mit langen Ähren an überhängenden Stielen, schön am Gehölz- und Teichrand.

Atlas-Schwingel
(Festuca mairei)

⬆ 40–60/80–100 cm ✿ 6–7 ○

Formschönes Gras für trockenere Beete.
Wuchs: Große, rundliche, kompakte Horste aus langen, graugrünen, linealischen, locker überhängenden Blättern.
Blüte: Sehr schlanke, graugrüne Rispen an dünnen überhängenden Stielen.
Standort: Durchlässige, mäßig trockene bis frische Böden.
Pflege: Leichter Rückschnitt im Frühjahr hält die Horste schön kompakt. Sonst kein Pflegebedarf.
Tipps: Der Atlas-Schwingel lässt sich am besten mit anderen trockenheitsverträglichen Stauden kombinieren, etwa Kugeldistel, Bart-Iris, Salbei oder Sonnenhut.

Weitere Art: *F. glauca* (Syn.: *F. cinerea*), der **Blau-Schwingel**, bildet rundliche niedrige Horste aus intensiv blaugrauen Blättern, für sonnige trockene Plätze, 20–30/40–50 cm, blüht 6–7, in mehreren Sorten.

Chinaschilf
(Miscanthus sinensis)

⬆ 80–200/100–250 cm ✿ 8–10 ○

Eines der eindrucksvollsten Gartengräser.
Wuchs: Große aufrechte Horste mit relativ breiten, locker überhängenden Blättern, oft mit schöner Herbstfärbung.
Blüte: Federartige Blütenbüschel an den Enden der Triebe, silbrig bis rötlich.
Standort: Nährstoffreiche, frische bis feuchte Böden.
Pflege: Ausreichend düngen und erst im Frühjahr zurückschneiden, sonst keine weitere Pflege.
Tipps: Das imposante Chinaschilf wirkt sowohl als Solitär als auch als Blicke abschirmender Hintergrund für eine Pflanzung.

Sorten: Große Palette; zu empfehlen sind u. a. 'Gracillimus', sehr schmale Blätter, blüht kaum, 120/180 cm; 'Kleine Fontäne', früh rosa überhaucht blühend, 90/150 cm; 'Silberfeder', silbrige Blütenrispen, 120/200 cm.

Ruten-Hirse
(Panicum virgatum)

⬆ 60–100/80–150 cm ✿ 7–9 ○

Ein Gras mit herrlicher Herbstfärbung, die ihresgleichen sucht.
Wuchs: Aufrechte kompakte Horste mit linealischen Blättern und goldgelber bis leuchtend roter Herbstfarbe.
Blüte: Sehr feine Rispen mit dünnen Zweigen und winzigen Ähren.
Standort: Jeder mäßig trockene bis feuchte Gartenboden.
Pflege: Bei Bedarf wässern und im Frühjahr zurückschneiden.
Tipps: Wunderbarer Hintergrund im herbstlichen Staudenbeet, zusammen mit Kissen- und Herbst-Astern, Sonnenhut, Sonnenbraut und anderen.

Sorten: 'Hänse Herms' (= 'Rotstrahlbusch'), leuchtend rote Herbstfarbe, 60–80/100 cm; 'Rehbraun', im Herbst kupferfarben, 80/120 cm.

Federborstengras, Lampenputzergras
(Pennisetum alopecuroides)

⬆ 40–60/60–100 cm ✿ 8–10 ○

Ein elegant und grazil wirkendes Gras, das sich vielseitig verwenden lässt.
Wuchs: Halbkugelförmige, in die Breite wachsende Horste aus dicht stehenden, langen, bogig überhängenden Blättern, frischgrün, im Herbst gelblich.
Blüte: Zylindrische rotbraune Ähren aus sehr kleinen, lang begrannten Blüten an aufrechten bis überhängenden Halmen.
Standort: Nährstoffreiche, nicht zu trockene bis mäßig feuchte Böden.
Pflege: Ausreichend wässern und gelegentlich düngen. Rückschnitt wegen der schönen Winter-Wirkung erst im Frühjahr.
Tipps: Ob als Solitär, am Teichrand, in der Staudenrabatte oder mit Rosen – überall macht dieses Gras eine gute Figur.

Sorten: 'Hameln', kompakte, früh und sehr reich blühende Sorte, 30/60 cm.

Bodendecker & Farne

Vielseitige Teppiche, anspruchsloses Filigran in Grün

Bodendecker wirken in erster Linie durch die Vielfalt der Blätter. Sie lassen kaum Unkraut aufkommen.

Für Rasen sind Bodendecker kein Ersatz. Sie bedecken den Boden, mehr oder weniger hoch, mehr oder weniger dicht. Manche sind auch durchaus betretbar, wenn es sein muss. Nur, als Spielwiese eignen sie sich wirklich nicht.

Der **Boden** ist von Natur aus nackt. In freier Natur wird er auch nicht umgegraben. Bedeckt mit Moos, Gräsern, Wildblumen oder Farnen, wird die Erde gut genährt. Bodendecker geben dem Boden genau das, was er wünscht: eine dichte Schicht. Unter ihr kann der natürliche Kreislauf beginnen. Laub, das hindurchfällt, und Regenwürmer verrichten ihre Arbeit. Ganz ohne Ihr Zutun.

Unter den Stauden gibt es besonders viele, die sich durch ihre Wuchsform als Bodendecker eignen **(Taubnessel)**. Aber auch kriechende Halbsträucher **(Thymian, Immergrün)** oder sogar Sommerblumen **(Kapuzinerkresse)** eignen sich sehr gut. Nicht zu vergessen die Bodendeckerrosen ('The Fairy'), und last not least die Kletterpflanzen. Fast jede, die ohne Stütze gezogen wird, wächst am Boden entlang. **Efeu** ist ein Paradebeispiel.

Die Arbeit soll immer weniger werden. Das geht nur, wenn keine »freie« Fläche mehr zu sehen ist. **Kahle Stellen**, die sonst verunkrauten würden, schreien nach einem Bodendecker. Auch einem **Hang,** der zu steil zum Mähen ist, oder **schattigen Plätze**, wo kein Rasen wächst, die Stellen **zwischen Sträuchern und Bäumen** oder vor einer **Nordwand**, verhelfen Bodendecker zu dauerhaftem Grün. Für gelegentliches Betreten eignet sich z. B. Thymian. Er bildet flache Teppiche von 3–5 cm Höhe. Und durch das Betreten wird sein typischer würziger Duft frei.

Ein idealer Bodendecker ist nach Möglichkeit immergrün. Er wächst schnell zu einer dichten Fläche zusammen, hält das Licht fern und gibt dem Unkraut keine Chance. Er ist sozusagen ein lebender Plattenbelag. Genauso mühevoll anzulegen, und je nach Art nicht ganz billig. Aber einmal angelegt, kann man die Arbeit damit fast vergessen.

Eine gute Bodenvorbereitung ist unbedingt nötig. Und alles Unkraut muss entfernt werden. Am besten wäre es, die Erde im Sommer drei Monate lang unbepflanzt zu lassen. Dann würde man sofort sehen, wo noch Unkraut verblieben ist. Nur, wer macht das schon? Aber bevor sich die Bepflanzung geschlossen hat, sollte aufkeimendes Unkraut immer wieder entfernt werden. Das ist anfangs mühevoll. Ein »Langzeitdenken« zahlt sich hier ganz besonders aus. **Viele** Pflanzen ergeben schnell ein geschlossenes Bild, sind aber auch sehr teuer. Außerdem wachsen die Pflanzen bald aus Platzmangel übereinander.

Der Hauptaspekt bei Bodendeckern ist das Laub. Die Blüten spielen nur die zweite Geige und geben meist nur ein kurzes Gastspiel. Ihr Wuchsverhalten kann sehr unterschiedlich sein. Viele Bodendecker bilden an ihren langen Trieben **Wurzeln** (Immergrün). Sie lassen sich sehr leicht in die gewünschte Richtung ziehen. Aber auch teilen und an anderer Stelle pflanzen. Über **Ausläufer** (siehe Glossar), die über der Erde munter »weiterlaufen«, bewegen sich das Gedenkemein, wie auch die Erdbeeren fort.

Durch ihren natürlichen Standort unter Bäumen und Sträuchern gibt es mehr Bodendecker für den Schatten als für die Sonne. Das **Immergrün** hat hübsches Laub, das ganze Jahr hindurch. Das Laub ist im Schatten schöner, die Blüte in der Sonne üppiger. Zumindest **Halbschatten** möchte die **Taubnessel** mit ihrem grünweiß gefleckten Laub. In der Sonne fühlt sich der kriechende **Thymian** wohl – und der **Woll-Ziest** mit seinen grauwolligen Blättern.

Farne sind urweltliche Pflanzen aus einer Zeit, als es noch keine Blütenpflanzen gab. Und unsere heutigen Farne sind Reste davon, mit einem ganz besonderen Charme. Ich finde es immer wieder faszinierend, wie sie sich aus der Mitte der Pflanze »entrollen«. Ihre Art, sich zu vermehren, ist etwas sonderbar. Sie produzieren Sporen, millionenfach. Diese sitzen gewöhnlich in Lagern an der Unterseite der Blätter und sind als bräunliche Punkte zu erkennen.

»Farne treten in einem Naturgarten aus ihrer urweltlichen Schweigsamkeit heraus.« Das hat der berühmte Gärtner Karl Foerster sehr schön ausgedrückt. Die schlichte Schönheit ihrer Wedel, wie man die Blätter nennt, und ihr majestätisches Aussehen lassen leicht darüber hinwegsehen, dass sie nicht blühen. Sie strahlen eine Ruhe aus, als wollten sie sagen: Jeglichen Schnickschnack haben wir nicht nötig.

Es gibt Farne für alle Standorte, von trocken bis feucht. Die meisten allerdings mögen es feucht und kühl. Eine waldbodenähnliche Erde, gut durchlässig mit hohem Laubanteil, behagt ihnen sehr. Die beste Pflanzzeit ist der Frühling. Einmal etabliert, sind Farne äußerst pflegeleicht.

Fast jeder ältere Garten hat schattigere Bereiche. Gibt es dunkle Winkel, kahle Flecken und hoffnungslose Stellen in Ihrem Garten? Haben Sie einmal an einen Farn gedacht? Unter Bäumen, zwischen Sträuchern, als ruhiger, anspruchsloser Hintergrund, in der Nähe von Wasser, am Fuß einer Mauer – alles passende Plätze. Farne müssen ein bisschen urig wirken dürfen.

Buntlaubige Formen machen sich im Schatten zum hellen Grün der Farne besonders gut.

Immergrüne Elfenblume

(Epimedium pinnatum subsp. *colchicum,* Syn.: *E. p.* 'Elegans')

↑ 20–30 cm ✻ 4–5 ◑–●

Robuster Flächendecker mit schöner Herbstfärbung.

Wuchs: Durch Ausläufer gebildete dichte Teppiche aus ledrigen, immergrünen, zugespitzt herzförmigen Blättern an drahtigen Stielen, im Herbst mit buntem Farbspiel in Rot- und Grüntönen.

Blüte: Kleine hellgelbe Blüten in lockeren Rispen über dem Laub.

Standort: Nährstoffreiche, humose, mäßig trockene bis feuchte Böden.

Pflege: Braucht keine Pflege. Bei Bedarf unschöne Blätter im Frühjahr abschneiden.

Tipps: Eignet sich gut für Gehölzränder und als Einfassung schattiger Beete, zusammen mit Farnen und Gräsern.

Weitere Art: *E. × rubrum*, sommergrün, 20–30 cm, mit roten, innen gelblichen, größeren Blüten, blüht 4–5.

Purpurglöckchen

(Heuchera-Hybriden)

↑ 30–60 cm ✿ 6–8 ○–◑

Attraktiver Bodendecker mit rötlichem Blätterteppich und duftigen Blüten.

Wuchs: Breite buschige Polster mit großen, rundlichen, gelappten, wintergrünen Blättern, oft rötlich gefärbt.

Blüte: Winzige Blütenglöckchen in schlanken Rispen an straffen Stielen über dem Laub, in Weiß, Rosa oder Rot.

Standort: Humose, nährstoffreiche, frische bis feuchte, lockere Böden.

Pflege: Relativ tief einpflanzen. Bei Trockenheit wässern. In rauen Lagen eine Mulchdecke als Winterschutz geben.

Tipps: Sehr schön als Beeteinfassung, am Gehölzrand oder in Töpfen.

Sorten: Es gibt zahlreiche Sorten mit unterschiedlicher Blattfärbung, etwa 'Plum Pudding', schwarzrot mit silbriger Zeichnung; 'Stormy Seas', oberseits silbrig rot, unterseits weinrot.
Weitere Art: *H. micrantha* 'Palace Purple', Blätter schärfer gezackt, oberseits bronzefarben, unten rötlich, 60–80 cm, blüht weiß, 7–8.

Gefleckte Taubnessel

(Lamium maculatum)

↑ 15–30 cm ✿ 5–6 ◑–●

Robust und pflegeleicht mit attraktiver Blattzeichnung.

Wuchs: Flächen deckend durch zahlreiche Ausläufer aus kurzen Trieben mit kreuzförmig gegenüber stehenden, zugespitzt eiförmigen Blättern, dunkelgrün oder gelbgrün, oft mit Zeichnung.

Blüte: Rotviolette oder weiße Lippenblüten in dichten Quirlen über dem Laub.

Standort: Lockere, nährstoffreiche, frische bis feuchte Böden.

Pflege: Braucht keine Pflege.

Tipps: Lässt sich schön mit Gräsern, Farnen, Storchschnabel und Zwiebelblumen kombinieren.

Sorten: 'Album', weiß blühend; 'Chequers', Blätter grün mit silbernem Mittelstreifen, rosaviolett; 'Golden Nuggets', gelbgrünes Laub, blüht rotviolett; alle 20–30 cm hoch.

Gedenkemein
(Omphalodes verna)

⬆ 15–20 cm ✿ 3–5 ◐–●

Besticht durch das herrliche Blau der Blüten und das stets sauber wirkende Laub.
Wuchs: Die Ausläufer bilden dichte Teppiche aus mit großen, hellgrünen, eiförmigen Blättern besetzten Trieben.
Blüte: Lilablaue, tellerförmige, an Vergissmeinnicht erinnernde Blüten, die aus den Blattachseln erscheinen.
Standort: Jeder lockere, humose, frische bis mäßig feuchte Gartenboden.
Pflege: Im Frühjahr bei Bedarf organisch düngen oder mit etwas Mulch versorgen, sonst keine Pflege notwendig. Falls es sich zu stark ausbreitet, kann man das Gedenkemein leicht abstechen.
Tipps: Wirkt sehr schön in größeren Gruppen am Gehölzrand, zusammen mit Zwiebelblumen, aber auch mit Astilben, Farnen und Elfenblumen.

Lungenkraut
(Pulmonaria angustifolia)

⬆ 20–30 cm ✿ 3–5 ◐–●

Hübscher und robuster Frühlingsblüher mit auffälligen, leuchtend blauen Blüten.
Wuchs: Teppiche aus kriechenden Trieben mit länglich eiförmigen, dunkelgrünen, rau behaarten Blättern.
Blüte: Kleine, im Aufblühen rötliche, danach blaue Blütenglocken in kurz gestielten, dichten Trauben.
Standort: Lockere, humose, frische bis feuchte Böden an kühlen Plätzen.
Pflege: Bei Trockenheit gießen (Vorbeugung gegen Mehltaubefall). Sonst keine Pflege nötig.
Tipps: Lässt sich gut im Halbschatten oder vor Gehölzen mit Elfenblumen, Gedenkemein sowie Gräsern und Farnen kombinieren.

Sorten: 'Azurea' blüht leuchtend enzianblau.
Weitere Art: *P. officinalis*, Blätter weiß gefleckt, 20–30 cm, blüht rosa oder weiß, 4–5; 'Sissinghurst White', großblütig, weiß.

Gold-Fetthenne
(Sedum floriferum 'Weihenstephaner Gold')

⬆ 10–15 cm ✿ 7–9 ○

Einer der besten Bodendecker für sonnige Plätze, mit lang andauernder Blüte und stets attraktivem Laub.
Wuchs: Niedrige Teppiche aus Ausläufer bildenden Trieben, dicht besetzt mit kleinen, schmal eiförmigen Blättchen, dunkelgrün, im Herbst rötlich.
Blüte: Leuchtend gelbe Blütensterne aus rötlichen Knospen in flachen, schirmförmigen Trauben über dem Laub.
Standort: Durchlässige, trockene bis frische Böden.
Pflege: Braucht keine Pflege.
Tipps: Lässt sich vielseitig verwenden, ob am sonnigen Beetrand oder als Lückenfüller, im Steingarten oder als Dachbegrünung.

Weitere Art: *S. hybridum* 'Immergrünchen', immergrün mit dicht stehenden Trieben aus kleinen rundlichen Blättchen, 10–15 cm, blüht gelb, 7–8.

Woll-Ziest
(Stachys byzantina)

⬆ 10–30 cm ✿ 7–8 ○

Das dezente Silbergrau vermittelt wunderbar zwischen verschiedensten Blatt- und Blütenfarben einer Rabatte.
Wuchs: Kriechende Teppiche aus Ausläufer bildenden Büscheln silbergrauer, filzig behaarter, eiförmiger Blätter.
Blüte: Sehr kleine, rosa Lippenblüten in filzig behaarten, kerzenförmig angeordneten Quirlen an aufrechten Trieben.
Standort: Nährstoffarme, durchlässige, trockene bis frische Böden an vollsonnigen Plätzen. Auf zu feuchten Böden Fäulnis.
Pflege: Keine Pflege nötig.
Tipps: Passt sehr gut zu anderen trockenheitsverträglichen Stauden wie Gold-Garbe, Kugeldistel, Lavendel, Katzenminze oder Salbei sowie zu Gräsern.

Sorten: 'Silver Carpet', wie die Art, aber kaum Blütentriebe bildend, 10 cm (ohne Blüten).

Thymian
(Thymus serpyllum)

⬆ 5–10 cm ✿ 6–7 ○

Duftende Polsterteppiche für Steingarten, Wegeinfassungen und Plattenfugen.
Wuchs: Bodendeckende Teppiche aus kriechenden Trieben mit kleinen, elliptischen, duftenden Blättchen.
Blüte: Kleine Lippenblüten in Rosa, Rot oder Weiß, in rundlichen Quirlen an den Triebenden.
Standort: Magere, durchlässige, trockene bis frische Böden, auch auf sandigen oder steinigen Substraten.
Pflege: Keine Pflege notwendig. Verkahlen die Polster in der Mitte, empfiehlt sich ein Rückschnitt nach der Blüte.
Tipps: Hübsch wirken die Thymian-Teppiche im Kräutergarten oder zusammen mit niedrigen Bart-Iris, kleinen Glockenblumen und Gold-Fetthenne.

Sorten: 'Albus', weiß; 'Coccineus', karminrot, jeweils 5–10 cm. Im Handel werden diese Sorten teilweise auch unter *T. praecox* geführt.

Immergrün
(Vinca minor)

⬆ 10–20 cm ✿ 4–5 ◐–●

Sogar im tiefsten Schatten blüht und gedeiht dieser problemlose Bodendecker.
Wuchs: Wurzelnde teppichartige Triebe mit immergrünen, glänzenden, breit lanzettlichen, sich abwechselnd gegenüberstehenden dunkelgrünen Blättern.
Blüte: Blau- oder rotviolette, purpurfarbene oder weiße Blütensterne in den Achseln der Blätter.
Standort: Lockere, mäßig trockene bis mäßig feuchte Böden im kühlen Schatten.
Pflege: Braucht keine Pflege. Zu große Teppiche bei Bedarf abstechen.
Tipps: Farne, Schattengräser und Elfenblumen sind gute Partner. Vorsicht, die Pflanze ist giftig!

Sorten: 'Atropurpurea' (= 'Rubra'), rotviolett, 20 cm; 'Gertrude Jekyll', weiß, zierlicher als die Art, 20 cm.

Hirschzungenfarn
(Asplenium scolopendrium, Syn.: Phyllitis scolopendrium)

⬆ 20–30 cm ◐–●

Ungewöhnlich in der Blattform, zeigt sich dieser Farn am richtigen Standort langlebig und pflegeleicht.

Wuchs: Kleine Horste aus wintergrünen, ledrigen, zungenförmigen Blättern in frischem Grün, die sich langsam kriechend ausbreiten.

Standort: Nährstoffreiche, feuchte, kalkhaltige Böden, möglichst an luftfeuchten Stellen ohne Wintersonne.

Pflege: Bei Trockenheit wässern. Unschöne Blätter im Frühjahr abschneiden. In rauen Lagen im Winter mit Mulch abdecken.

Tipps: Schön in schattigen Fugen und an Wegrändern, am Gehölzrand zusammen mit anderen Farnen und Bodendeckern.

Sorten: 'Cristatum' bzw. 'Undulatum' haben gewellte Blattränder.

Wurmfarn
(Dryopteris filix-mas)

⬆ 60–100 cm ◐–●

Einer der robustesten Farne für den Garten, ideal für Anfänger.

Wuchs: Trichterförmig angeordnete, breite, doppelt gefiederte Wedel in Dunkelgrün, mit braunen Sporenhäufchen auf den Unterseiten. Zunächst eingerollt wie ein Bischofsstab, entrollen sie sich allmählich beim Austrieb.

Standort: Jeder nährstoffreiche humose normale Gartenboden.

Pflege: Bei Bedarf wässern, sonst keine Pflege nötig.

Tipps: Passt sehr gut zu Akelei, Astilben, Hosta, Gräsern und vielen anderen Stauden an den Gehölzrand oder in schattige Gartenbereiche.

Straußfarn, Trichterfarn
(Matteuccia struthiopteris)

⬆ 80–120 cm ◐–●

Aufgrund seiner schönen Wedel und des angenehmen Grüntons der wohl attraktivste Gartenfarn – wegen der Ausläufer allerdings am besten für größere Gärten.

Wuchs: Schlanke Trichter aus großen, breit elliptischen, hellgrünen Wedeln mit sehr regelmäßiger Fiederung. In der Mitte der Trichter treiben im Sommer die braunen, fruchtbaren Wedel, die die Sporenhaufen tragen. Der Straußfarn bildet Ausläufer, durch die er sich allmählich ausbreitet.

Standort: Nährstoffreiche, lockere, humose, ausreichend feuchte Böden.

Pflege: Bei Trockenheit rechtzeitig wässern, sonst welken die Blätter. Unerwünschte Ausläufer mit dem Spaten abstechen.

Tipps: Wirkt sehr schön für sich vor Gehölzen und am Teichrand, z. B. mit Astilben, Fingerhut, Rhododendren und Riesen-Glockenblume.

Zwiebelblumen

Sind jedes Jahr für eine Überraschung gut

Blühende Narzissenpracht – und der Frühling kann kommen. So stellt man sich ein richtiges Osterbeet vor.

Alle Jahre wieder

erscheint diese muntere Gesellschaft aus dem vermeintlichen Nichts. Allerdings nur, wenn man ihr verwelkendes Laub nicht entfernt und Mäuse sie nicht zu ihrer Lieblingsspeise gewählt haben. Kaum ist der Schnee geschmolzen, sind Schneeglöckchen und Winterlinge zur Stelle – so als hätten sie nur auf den Startschuss gewartet. Ihre Blüten haben etwas Transparentes, die Farben sind zart. Die leisen Töne sind gefragt, nach und nach wird es lauter und bunter. Das Schönste an ihnen ist für mich, dass ich sie jedes Jahr aufs Neue entdecke. An Stellen, die ich vergessen habe, und an Stellen, die sich die Amseln ausgesucht haben (um kleine Zwiebelchen zu verschleppen). Auf die Überraschung, dass eine Narzisse sich nicht schämt, leuchtend gelb zu erblühen – obwohl es eine weiße Sorte sein sollte –, könnte ich verzichten. Auch haben z. B. weiße *Scilla* die Angewohnheit, nach Jahren mir beweisen zu wollen, dass sie ja eigentlich Blausternchen heißen.

Nicht alle Zwiebelblumen

haben auch Zwiebeln. Der Einfachheit halber werden Zwiebel- und Knollenpflanzen unter diesem Begriff zusammengefasst. **Zwiebeln** haben die bereits »fertige« Blütenknospe in ihren Schalen eingebettet. Die Pflanze, z. B. Tulpe oder Narzisse, sitzt unter der Erde in den Startlöchern – bereit, bei genügend Feuchtigkeit und Wärme zu explodieren.

Knollen fehlt die Schale. Ihre »Vorratskammern« haben die unterschiedlichsten Formen, aus denen sich die Pflanze aufbaut (z. B. Anemonen oder Winterlinge). Dazwischen gibt es eine ganze Reihe von Übergangsformen. Alle sind in der Lage, durch diese unterirdischen Organe über längere Zeit zu leben und jedes Jahr neu zu »erwachen«.

Zwiebelblumen sind mehrjährig. Vom Verhalten her sind sie Stauden. Sie verholzen nicht und zeigen nicht die geringste Lust zu klettern.

Fast von allein werden sie immer mehr. Kleine Brut- oder Tochterzwiebelchen werden fleißig produziert, die man zur vegetativen Vermehrung, also der Vermehrung durch Pflanzenteile, einfach abnehmen und einpflanzen kann. Die Nachkommenschaft, und zwar die sortenechte, ist gesichert. Zu groß gewordene Gruppen lassen sich leicht nach der Blüte teilen: mit der Grabegabel hochheben, an den Blättern festhalten, vorsichtig auseinander ziehen und an anderer Stelle neu pflanzen. So werden sie von Jahr zu Jahr mehr!

Ihre Wünsche sind recht bescheiden für das, was sie zu geben bereit sind. Guter, normaler Gartenboden – keine Staunässe – tief genug pflanzen (siehe Seite 54 ff.) – welkes Laub nicht abschneiden (sonst nimmt man ihnen die Nahrung). Sollte es während der Blütezeit sehr trocken sein, freuen sie sich über Wasser. Danach nicht mehr. Verpflanzt wird nach der Blüte. Je früher, desto besser können sich die Zwiebelblumen etablieren. Und wir uns erinnern, was was ist. Man sieht sie und sticht nicht mitten hinein.

Der einzige Platz, an den keine Zwiebeln gehören, ist ein Beet, in dem ständig gegraben und gepflanzt wird. Sie möchten ihre Ruhe haben – möglichst an Stellen, die über Jahre ungestört bleiben. Natürlich kann man auch jedes Jahr neu pflanzen, wenn man zu viel Geld hat.

Mit Zwiebelblumen allein ließe sich kein Garten gestalten. Ihm würden Höhe und Struktur fehlen, und im Winter wäre er nicht da. Denn sie ziehen ihr

Zierlauch und Steppenkerzen sind nur zwei Beispiele für Sommerblüher unter den Zwiebelblumen.

Laub ein und überwintern unter der Erde. Platz für Blumenzwiebeln gibt es überall – vom kleinsten Balkonkasten bis zum größten Park. Klotzen und nicht kleckern ist hier angesagt. Von 6 Krokussen in 10 m Entfernung wird man nicht viel haben. In einem Tontopf, einem erhöhten Beet oder neben der Haustür sind sie besser aufgehoben.

Wildformen, früh blühende »Kleine« wie die Blausternchen sowie kleinblütige Narzissen und Tulpen sehen in einem naturnahen Garten sehr hübsch aus. Hier können sie sich locker ausbreiten, verwildern, mit der Zeit zu blühenden Teppichen werden. Das macht am allerwenigsten Arbeit. **Gartenformen** von Tulpen, Dahlien usw. wirken gut in Rabatten und Beeten, jedoch nicht in Reih und Glied »eine weiße Tulpe, eine rote, eine weiße, eine rote usw.«. In Tuffs gepflanzt, sind sie viel schöner. Je kleiner die Pflanze, desto größer die Stückzahl. Ein Schneeglöckchen als Solitär wirkt lächerlich.

Frühlingsblüher haben eine kurze Blütezeit. Lassen Sie Stauden das verwelkende Laub verdecken. Oder füllen Sie Lücken mit Sommerblumen. Ihr großer Vorteil ist, dass sie ihren »Auftritt« haben, bevor sich der Garten mit anderem füllt.

Die »großen Drei« – Narzissen, Tulpen und Lilien – füllen den Garten vom Vorfrühling bis zum Spätsommer. **Narzissen** sind am leichtesten zu kultivieren, am winterhärtesten und blühen, je nach Sorte, von März bis Mai. Sie haben die charakteristische Zwiebelform. Besonders reich blühen Zwiebeln mit »Doppelnasen«. Ab April treten **Tulpen** in den Reigen ein. Die Auswahl ist riesig. Frühe einfache, Späte gefüllte, Lilienblütige mit zugespitzten Blütenblättern, von Weiß über Rot bis hin zu mehrfarbigen. Heute ist für uns kaum zu verstehen, dass man für Tulpen einmal ein Vermögen ausgab und sich in Schulden stürzte.

Lilien sind Sommerschönheiten, aber nicht ganz einfach. Durch ihre unterschiedlichen Wünsche an Standort, Pflanztiefe und -zeit sind sie eher etwas für Fortgeschrittene. Anfänger haben es mit **Montbretien** sehr viel leichter.

Zier-Lauch, Iran-Lauch

(Allium aflatunense)

⬆ 70–100 cm ✿ 5–6 ○

Die leuchtkräftigen Blütenkugeln sorgen für attraktive Farbtupfer im Frühsommer.

Wuchs: Kräftiger Trieb mit riemenförmigen Blättern aus großer Zwiebel.

Blüte: Kleine, sternförmige, purpurfarbene Blüten in großer kugelförmiger Dolde am Ende der Triebe.

Standort: Nährstoffreiche, gut durchlässige, mäßig trockene bis frische Böden.

Pflege: Zum Austrieb düngen, Stiele nach dem Verblühen abschneiden, sonst keine Pflege nötig.

Tipps: Am besten in kleineren Gruppen und in den Mittel- oder Hintergrund pflanzen, wo die Lücke nach dem Einziehen wenig auffällt. Gute Schnittblume.

Sorten: 'Purple Sensation', großblütiger, mit tief purpurvioletten Blüten, 80–100 cm.
Weitere Art: *A. christophii*, **Sternkugel-Lauch**, mit bizarren silbervioletten Blütenkugeln auf kurzen Stielen, 40–60 cm, blüht 6–7.

Strahlen-Anemone, Balkan-Anemone

(Anemone blanda)

⬆ 15–25 cm ✿ 3–4 ◑

Teppiche aus zarten Blütensternen, die im Frühling jeden Gartenfreund bezaubern.

Wuchs: Einblütige kurze Triebe mit jeweils 2 dreiteiligen, gelappten Blättern. Wächst aus sich verzweigender Knolle und bildet mit der Zeit große Gruppen.

Blüte: Sternförmig, mit vielen Blütenstrahlen, blau, rosa oder weiß, mit gelber oder weißer Mitte.

Standort: Humoser, mäßig trockener bis frischer Boden an im Frühjahr sonnigen Plätzen.

Pflege: Knollen vor dem Setzen für einige Stunden in Wasser quellen lassen. Braucht keine Pflege.

Tipps: Ideal für Beete oder freie Flächen vor Gehölzen (keine Immergrünen!), zusammen mit anderen Frühlingsblühern.

Sorten: 'Pink Star', rosa; 'White Splendour', weiß, großblütig.

Herbstzeitlose

(Colchicum-Hybriden)

⬆ 15–20 cm ✿ 9–10 ○–◑

Wie große Krokusse im Frühherbst erscheinen diese leuchtenden Blütentupfer.

Wuchs: Aus zwiebelförmigen Knollen treiben im Frühjahr die großen hellgrünen Blätter und der Fruchtstand der vorjährigen Blüte. Das Laub zieht im Sommer ein, im Herbst treiben (blattlos) die Blüten.

Blüte: Trichterförmig mit langer Röhre, die halb in der Erde steckt. In Rosa, Weiß, auch gefüllt.

Standort: Nährstoffreiche, frische bis mäßig feuchte Böden.

Pflege: Im Spätsommer (August) 15–20 cm tief pflanzen. Sonst keine Pflege.

Tipps: Schön vor Gehölzen oder in Wassernähe. Die ganze Pflanze ist hochgiftig!

Sorten: 'Autumn Queen', dunkelviolett; 'Lilac Wonder', fliederfarben, reichblütig; 'Waterlily', lilarosa, gefüllt, sehr großblütig.

Montbretie
(Crocosmia × crocosmiiflora)

↑ 60–100 cm ✿ 7–9 ○

Exotisch wirken die an Gladiolen erinnernden Blüten in leuchtenden Farben.
Wuchs: Zwiebelförmige Knollen mit vielen Tochterknollen, wächst horstartig mit schwertförmigen, schlanken Blättern.
Blüte: Trichterförmige Blüten in langen Ähren an bogenförmigen Trieben über dem Laub, in Orange, Rot, Gelb.
Standort: Durchlässiger, frischer Boden in warmer, sonniger Lage.
Pflege: Im frühen Frühjahr pflanzen. In rauen Lagen abdecken, vor Winternässe schützen.
Tipps: In Gruppen in sonnigen Staudenbeeten oder -rabatten verwenden. Passt gut zu weißen oder blauen Farben.

Sorten: 'Emily McKenzie', orange mit dunkler Mitte, 60–80 cm.
Weitere Art: *C. masoniorum*, ähnlich, aber höher und großblütiger; z. B. 'Lucifer', feuerrot, 100–120 cm. Teilweise werden die Sorten im Handel auch als *C.*-Hybriden bezeichnet.

Elfen-Krokus
(Crocus tommasinianus)

↑ 5–10 cm ✿ 2–4 ○–◑

Der ideale Krokus zum Verwildern.
Wuchs: Eintriebige Knollenblume, die reichlich Tochterknollen bildet, mit schmalem grasartigem Laub, dunkelgrün mit hellem Mittelstreifen.
Blüte: Schlanke Trichterblüten in hellem Violett mit langer Kronröhre.
Standort: Jeder frische bis mäßig trockene Gartenboden auf im Frühjahr sonnigen Plätzen.
Pflege: Keine Pflege notwendig.
Tipps: Am besten in Gruppen oder flächenweise pflanzen, vor und unter Laub abwerfenden Gehölzen oder im lückigen Rasen. Dazu passen Winterlinge, Schneeglöckchen und andere Krokusse.

Weitere Art: *C.*-Hybriden, die **Garten-Krokusse**, sind großblütiger und weniger zierlich, 10–15 cm hoch, sie blühen etwas später (3–4) in bunten Farben, von Weiß über Gelb und Violett bis zweifarbig.

Dahlie
(Dahlia-Hybriden)

↑ 30–150 cm ✿ 7–10 ○

Aus dem Blütenherbst nicht wegzudenken.
Wuchs: Aufrechte, meist straffe Triebe aus großer Knolle, mit großen, dunkelgrünen, elliptischen Blättern.
Blüte: Große Körbchenblüten in umfassender Farbpalette (außer Blau), je nach Sorte ungefüllt bis stark gefüllt.
Standort: Nährstoffreiche lockere Gartenböden ohne Staunässe.
Pflege: Die nicht winterharten Knollen Ende April pflanzen, mäßig düngen, bei Bedarf stäben. Triebe nach der Blüte abschneiden, ausgegrabene Knollen in Sandkisten frostfrei überwintern.
Tipps: Gruppenweise pflanzen. Schön mit Sommerblumen und Gräsern.
Sorten: Die Palette ist unüberschaubar: Ungefüllte Blüten haben u. a. Mignon-Dahlien; halbgefüllte die Duplex-Dahlien ('Bishop of Llandaff', leuchtend rot mit purpurbraunem Laub); gefüllte die Schmuck-Dahlien (innen dicht gefüllt, außen ein Blütenblätter-Kranz), Pompon-Dahlien (kleine dichte Blütenkugeln) und Kaktus-Dahlien (große Blüten mit zusammengerollten Blütenblättern).

Winterling
(Eranthis hyemalis)

⬆ 5–10 cm ❋ 2–3 ◑

Absolut pflegeleichter heimischer Frühjahrsblüher, gut zum Verwildern.

Wuchs: Ausläufer bildende Knollenpflanze mit handförmig zerteilten Blättern (erscheinen meist nach der Blüte), die in dichten Teppichen wächst.

Blüte: Leuchtend gelbe Schalenblüten auf kurzen Stielen mit einer »Halskrause« aus einem Hochblatt.

Standort: Jeder nicht zu trockene Gartenboden (keine Staunässe!) in im Frühjahr heller Lage.

Pflege: Gleich nach dem Kauf pflanzen und Knollen am besten einige Stunden in Wasser einweichen. Sonst keine Pflege notwendig.

Tipps: Wunderbar unter Laub abwerfenden Gehölzen, zusammen mit Elfen-Krokussen und Schneeglöckchen.

Schneeglöckchen
(Galanthus nivalis)

⬆ 10–15 cm ❋ 2–3 ◑

Neben Winterlingen die ersten Frühjahrsboten im Garten – natürlich schön und unverzichtbar.

Wuchs: Eintriebige Zwiebelblume mit linealischen, blaugrünen Blättern.

Blüte: Schneeweiße Blütenglocken mit grün geflecktem »Krönchen« in der Mitte hängen einzeln an den nickenden Stielen.

Standort: Humose, frische bis feuchte Böden.

Pflege: Keine Pflege nötig. Teilen und Verpflanzen lassen sich Schneeglöckchen gleich nach der Blüte.

Tipps: Am Gehölzrand und im lückigen Rasen, am besten in kleinen Gruppen pflanzen. Ameisen sorgen für die Verbreitung der Samen.

Weitere Art: *G. elwesii*, großblütiger, sonst ähnlich, 15–20 cm, blüht ebenfalls 2–3.

Traubenhyazinthe
(Muscari armeniacum)

⬆ 15–25 cm ❋ 4–5 ○–◑

Pflegeleichter Begleiter für sonnige Beete mit Zwiebelblumen.

Wuchs: Mehrtriebige Zwiebelblume mit schmal linealischen, rinnigen Blättern.

Blüte: Kleine, krugförmige, tiefblaue Blüten mit schmalem weißem Rand, in dichten kegelförmigen Trauben auf straffen Stielen.

Standort: Nährstoffreiche, mäßig trockene bis frische Böden.

Pflege: Keine Pflege notwendig. Das Laub zieht nach der Blüte den Sommer über ein und treibt bereits im Herbst wieder aus – nicht abschneiden.

Tipps: Passt wunderbar zu anderen Frühjahrs-Zwiebelblumen, v. a. zu Tulpen und Narzissen. Am besten in Gruppen oder als Beeteinfassung pflanzen.

Narzisse
(Narcissus-Hybriden)

⬆ 30–60 cm ✿ 3–5 ○–◑

Neben Tulpen <u>der</u> Klassiker im Frühling.
Wuchs: Große Zwiebeln mit einem oder mehreren Trieben und riemenförmigem blaugrünem Laub.
Blüte: Typische sternförmige Blüte auf straffen Stielen, mit kurzer oder langer röhrenförmiger »Nebenkrone«, in Gelb, Weiß, Orange, auch zweifarbig und gefüllt.
Standort: Nährstoffreiche, frische bis mäßig feuchte Gartenböden.
Pflege: Fruchtstände abschneiden, Blätter einziehen lassen.
Tipps: Einzelne Sorten am besten gruppenweise setzen. Gut zum Schnitt.

Sorten: Es gibt eine Unmenge an Sorten. Man unterscheidet verschiedene Gruppen, darunter Trompeten-Narzissen (»**Osterglocken**« mit trompetenfömiger Nebenkrone), Großkronige und Kleinkronige Sorten sowie Gefüllte.
Weitere Art: *N. poeticus*, **Dichter-Narzisse**, blüht 4–5 in Schneeweiß mit kleiner orangegelber Nebenkrone, stark duftend, 30–50 cm.

Sibirischer Blaustern
(Scilla siberica)

⬆ 10–15 cm ✿ 3–5 ○–◑

Die niedrigen zarten Blütenteppiche ergeben eine wunderbare Unterpflanzung.
Wuchs: Zwiebelpflanze mit mehreren Trieben und breit linealischem Laub, bildet allmählich dichte Teppiche.
Blüte: Ausgebreitete blauviolette, selten weiße, hängende Blütensterne, in lockeren Trauben an den leicht gebogenen Stängeln.
Standort: Jeder mäßig trockene bis frische, durchlässige Gartenboden.
Pflege: Keine Pflege nötig, breitet sich durch Tochterzwiebeln und Samen allmählich aus.
Tipps: In größeren Gruppen pflanzen, auf Beeten, am Gehölzrand und im Steingarten. Passt sehr gut zu Tulpen.

Sorten: 'Alba', reinweiß; 'Spring Beauty', großblütiger, intensiv blau mit dunkler Mittelrippe.

Tulpe
(Tulipa-Hybriden)

⬆ 30–60 cm ✿ 4–5 ○

Kein Frühling ohne Tulpen im Garten! Die Vielfalt lässt keine Wünsche offen.
Wuchs: Aufrechte Zwiebelblume mit zungenförmigem graugrünem Laub.
Blüte: Kelchförmig an straffen Stielen, in vielen Farben, je nach Sorte auch zweifarbig oder gefüllt.
Standort: Mäßig trockene bis frische Gartenböden, ideal ist sandiger Lehm.
Pflege: Beim Austrieb etwas düngen. Fruchtstände abschneiden, Laub einziehen lassen.
Tipps: In kleinen oder größeren Gruppen, auch gemischt. Schön zusammen mit Vergissmeinnicht und Blausternchen.

Sorten: Die riesige Sortenpalette umfasst u. a. Frühe und Späte, Lilienblütige (mit zugespitzten Blüten) und Papageien-Tulpen (in gefransten Formen) sowie botanische Arten (siehe unten).
Weitere Art: *T. kaufmanniana*, eine Wild-Tulpe mit bei Sonne breit geöffneten Blüten (»**Seerosen-Tulpe**«), blüht 3–4 in Rot-, Weiß- und Gelbtönen, oft mehrfarbig, 20–30 cm.

Sommerblumen

Sie sind der leichteste Weg zur »Flower Power«

Bunte Farben sind in erster Linie Sache der Sommerblumen. Sie versprühen richtig Lebenfreude.

Und sie tanzten nur einen Sommer. Doch welch fröhlicher, übermütiger Tanz. Wenn sie sich jetzt nicht austoben, eine zweite Gelegenheit bekommen sie nicht. Sie stecken ihre ganze Energie in ihre Blüten – jetzt oder nie! Bei guten Bedingungen bringen sie mehr Farbe über eine längere Blütezeit in den Garten als alle anderen Pflanzengruppen. Dazu brauchen sie gute Startbedingungen (lockeren, nährstoffreichen Boden). Sie haben nur eine Saison zum Wachsen, Blühen und Samen bilden. Danach sterben sie ab. Zeitraffer nennt man so etwas. Wenn Sie die verwelkten Blütenstände abschneiden, werden fleißig neue produziert.
Der Wille zu leben und der Drang, sich durch Samen fortzupflanzen, muss gewaltig sein.

Es gibt sogar winterharte Einjährige, so paradox das klingt. Sie keimen bei niedrigen Temperaturen und können deshalb schon im März dort ausgesät werden, wo sie auch wachsen sollen. Vergissmeinnicht und Kapuzinerkresse gehören dazu.

Sommerblumen sind einfach schön. Unzweifelhaft. In England werden sie sogar »kindergarten plants« genannt. Aber sie machen auch Arbeit. Jedes Jahr aufs Neue. Dafür ist ein Fehlgriff nicht so endgültig. Ein neues Jahr – eine neue Chance.

Und was man mit ihnen nicht alles machen kann: Sie füllen nicht nur die Lücken bei einer Neuanlage, auch die der Zwiebelblumen und frühen Stauden (Tränendes Herz). Einjährige füllen das viel beklagte »Augustloch«, das wirklich keins zu sein braucht. Sie bringen die leuchtendsten Farben in den Garten und ins Haus. Herrliche Sommersträuße lassen sich zusammenstellen.
Bunt kann fröhlich und lustig sein – wie ein heiterer Sommertag. Achten Sie darauf, dass es nicht zu bunt wird. Auch hier ist eine Farbabstimmung wichtig. Alle Gelb-, Orange- und Rottöne harmonieren, genau wie Weiß, Rosa und Violett. Gelb und Violett ist sehr hart, und Gelb und Rosa – na ja. Im Frühling ergänzen sich Zweijährige und kleine Zwiebelblumen. Im Sommer Einjährige und beispielsweise Dahlien. Die meisten mögen Sonne und Wärme. Im Schatten blüht das »Fleißige Lieschen«.

Einjährige überleben ihre erste Wachstumsperiode nicht. Sie säen sich gerne selbst aus. Und neue Pflanzen erscheinen im nächsten Jahr. Oft an völlig unverhoffter Stelle und von anderem Aussehen.

Eine klassische Einjährige ist die Kosmee oder **Schmuckkörbchen**. Mit zierlichem Laub und hübschen Blüten in Weiß, Rosa oder Hellrot. Hummeln scheinen sie als Landeplatz sehr attraktiv zu finden. Schnell und leicht erreicht die kletternde **Kapuzinerkresse** eine Höhe von 3 m. Trichterförmige Blüten in Gelb, Orange oder Rot erscheinen in Hülle und Fülle.

Nicht jedermanns Sache sind **Studentenblumen** *(Tagetes)*. Bei ihren leuchtenden Orangetönen und üppigen Blütenbällen muss man schon ein Freund kräftiger Farben und Formen sein. Harmonischer lassen sich ihre feineren Verwandten in klarem Zitronengelb kombinieren.

Zweijährige entwickeln sich im ersten Jahr. Im nächsten Jahr blühen sie und sterben. Auch sie säen sich fleißig aus und sind immer »da«. Die meisten blühen im Frühling. Sie müssen ja nicht mehr bei null anfangen. Warum schaut das **Stiefmütterchen** nur so verdrießlich? Bei den vielen hübschen Farben. Jedes Jahr kommen neue Züchtungen mit noch schöneren Farbkombinationen heraus. Das **Vergissmeinnicht** sieht immer so aus, als sei es mit sich und der Welt zufrieden.

Sommerblumen, ein- wie zweijährig, lassen sich auch gut mit Stauden kombinieren.

Zweijährige wie das Vergissmeinnicht passen besonders gut zu Tulpen und Narzissen.

Kosmee, Schmuckkörbchen
(Cosmos bipinnatus)

⬆ 60–140 cm ✿ 7–10 ○–◑

Eine der schönsten und dankbarsten Sommerblumen, duftiger Langzeitblüher mit apartem Laub.
Wuchs: Aufrechte, breite Büsche aus reich verzweigten Trieben, Blätter nadelfein gefiedert.
Blüte: Große Schalenblüten in Rosa, Karminrot oder Weiß mit gelber Mitte aus kurzen Staubblättern.
Standort: Nährstoffreicher, lockerer Gartenboden an sonnig-warmen Plätzen.
Pflege: Ab Ende April Aussaat direkt ins Beet oder Vorkultur ab März. Sparsam düngen, bei Bedarf stäben. Die Blütezeit verlängert sich, wenn man regelmäßig verblühte Blüten abschneidet.
Tipps: Passt sowohl ins Staudenbeet als auch zu Rosen und Sommerblumen.

Sorten: 'Sonata White', weiß, 'Sonata Pink Blush', rosa mit rotem Auge, beide nur 60 cm, standfest; 'Frühwunder', großblütige Farbmischung, 100 cm.

Goldmohn, Schlafmützchen
(Eschscholzia californica)

⬆ 30–40 cm ✿ 6–9 ○

Wunderbar anspuchsloser und lange blühender Lückenfüller.
Wuchs: Locker verzweigt mit fein gefiedertem, graugrünem Laub.
Blüte: Schalenförmige Mohnblüten in warmem Goldorange, auch in Zitronengelb, Rosa, Rot, Creme und gefüllt. Die Blüten öffnen sich nur bei Sonne!
Standort: Durchlässige, warme Plätze mit mäßig trockenem bis frischem Boden.
Pflege: Ab Ende März Aussaat direkt ins Beet. Verbreitet sich durch Selbstaussaat. Keine Pflege nötig.
Tipps: Sehr schön als Randbepflanzung oder für größere Flächen sowie als Lückenfüller im Staudenbeet.

Sorten: Meist sind Farbmischungen mit ungefüllten Blüten im Handel.

Sonnenblume
(Helianthus annuus)

⬆ 40–250 cm ✿ 7–10 ○

Bekannter und beliebter Sonnenanbeter.
Wuchs: Straff aufrechte Triebe mit sehr großen herzförmigen Blättern, meist hochwüchsig, aber auch in Zwergformen.
Blüte: Sehr große scheibenförmige Korbblüte, gelb, orange, rotbraun, meist mit brauner Mitte, auch gefüllt.
Standort: Nährstoffreiche, mäßig trockene bis frische Böden ohne Staunässe.
Pflege: Aussaat ab April ins Freiland oder Vorkultur ab März. Reichlich wässern und düngen, bei Bedarf stützen.
Tipps: Wirkt gut entlang von Zäunen oder als Beethintergrund. Als Schnittblume Stiele kurz in kochendes Wasser halten.

Sorten: Angeboten wird eine breite Palette mit unterschiedlicher Wuchshöhe, Blütengröße und -farbe sowie Verzweigung. Bewährt sind u. a. 'Teddybär', gefüllt, 40 cm; 'Valentin', zitronengelb mit schwarzer Mitte, 160 cm; 'Musicbox', Mischung in Creme bis Mahagoni, 70 cm.

Levkoje
(Matthiola incana)

↑ 30–90 cm ✿ 5–8 ○

Altbekannte und bewährte Sommer- und Schnittblume mit herrlichem Duft.

Wuchs: Meist aufrecht und eintriebig, Busch-Levkojen buschig. Blätter graugrün, länglich elliptisch.

Blüte: Schalenförmig, meist gefüllt, in lockeren bis dichten, aufrechten Trauben, weiß, rosa, rot, violett, sogar gelb.

Standort: Nährstoffreicher, lehmiger, frischer bis mäßig feuchter Boden.

Pflege: Vorkultur (Lichtkeimer!) ab Anfang März und Auspflanzen ab Mitte Mai.

Tipps: Am besten verschiedene Sorten als größere bunte Gruppe zusammenpflanzen.

Sorten: Im Handel ist ein breites Angebot an Farben, Wuchshöhen und verschieden dichten Blütentrauben erhältlich, zu empfehlen sind Farbmischungen.

Vergissmeinnicht
(Myosotis sylvatica)

↑ 15–35 cm ✿ 4–6 ○–◑

Hübscher Frühlingsblüher, der im Sommer ausgesät wird und erst im nächsten Jahr blüht (**zweijährige Pflanze**).

Wuchs: Breite, reich verzweigte niedrige Büsche mit lanzettlichen Blättern.

Blüte: Kleine sternförmige Blütchen in gebogenen Trauben, blau, violett, rosa oder weiß mit gelblicher Mitte.

Standort: Nährstoffreicher, lockerer, frischer bis feuchter Boden.

Pflege: Aussaat im Juli, im September an den endgültigen Platz verpflanzen, in rauen Lagen mit Reisig abdecken. Verbreitet sich durch Selbstaussaat.

Tipps: Wunderbare Ergänzung zu Zwiebelblumen, v. a. Tulpen, die es locker umspielt und die nackte Erde bedeckt.

Sorten: Vielfach werden auch *M.*-Hybriden angeboten. Zu empfehlen sind 'Bluesylva', mittelblau, 20 cm; 'Compindi', dunkelblau, 20 cm; 'Rosylva', rosa, 20 cm; 'Snowsylva', weiß, 20 cm.

Islandmohn
(Papaver nudicaule)

↑ 30–50 cm ✿ 5–9 ○

Bunte Blütenpracht in harmonischen Pastelltönen (**zweijährige Pflanze**).

Wuchs: Aufrechte Triebe aus einer Grundblattrosette mit graugrünen, gebuchteten Blättern.

Blüte: Große Schalenblüten in Weiß, Gelb, Orange und Rot mit gelben Staubblattbüscheln.

Standort: Durchlässige, mäßig trockene bis frische Gartenböden.

Pflege: Aussaat normal im Juni, im September an ihren Platz verpflanzen; bei Aussaat im Januar und Verpflanzen im März erfolgt die Blüte im gleichen Jahr.

Tipps: Wirkt am besten in Gruppen in der Rabatte oder auf Freiflächen.

Sorten: Zu empfehlen sind Mischungen wie 'Illumination', 50 cm; 'Partyfun', standfest, 30 cm.
Weitere Art: *P. rhoeas*, **Klatschmohn**, 50–60 cm, blüht 5–7 in Rot, Rosa und Weiß, gefüllte Mischungen als »**Seidenmohn**« im Handel.

Rauer Sonnenhut
(Rudbeckia hirta)

↑ 25–80 cm ✿ 7–10 ○

Sonnige Stimmung bringt diese reich blühende Pflanze auch in Ihren Garten.

Wuchs: Dichte Büsche aus aufrechten Trieben mit rauen, elliptischen Blättern.

Blüte: Große gelbe bis orangebraune oder zweifarbige Körbchenblüten mit knopfartiger, meist dunkelbrauner Mitte, auch gefüllt.

Standort: Nährstoffreicher, lockerer, mäßig trockener bis frischer Boden.

Pflege: Anzucht im Haus ab März, ab Mai ins Beet auspflanzen. Regelmäßig wässern und düngen, Verblühtes abschneiden.

Tipps: Passt gut als Lückenfüller ins Sommerblumen- oder ins Staudenbeet. Schön zu blauem Salbei und Gräsern.

Sorten: 'Marmalade', orangegelb, 60 cm, standfest; 'Sonora', gelb mit braunem Ring in der Mitte, 35 cm; 'Toto', goldgelb, nur 25 cm.

Mehl-Salbei
(Salvia farinacea)

↑ 40–80 cm ✿ 6–9 ○–◑

Sehr pflegeleichter Dauerblüher, der sich wunderbar kombinieren lässt.

Wuchs: Dichte Horste mit gegenüberstehenden elliptischen Blättern.

Blüte: Kleine violette oder weiße Lippenblüten in dichten, silbrig behaarten Ähren an straff aufrechten Trieben über dem Laub.

Standort: Jeder normale nährstoffreiche Gartenboden.

Pflege: Ab März aussäen und im Mai auspflanzen. Ausreichend wässern und düngen.

Tipps: Passt als Lückenfüller zu sehr vielen Sommerblumen und Stauden sowie zu Rosen.

Sorten: 'Strata', blau in weißen Ähren, 40 cm; 'Victoria', dunkelblau, 50 cm.
Weitere Art: *S. coccinea*, Zier-Salbei, buschig verzweigte Art mit hohen, lockeren Blütenständen und großen Blüten in Rot ('Lady in Red') oder Weiß ('Nymphe'); 40–60 cm, blüht 6–9.

Studentenblume, Tagetes
(Tagetes-Hybriden)

↑ 20–100 cm ✿ 6–10 ○

Unübertroffen robust und leuchtkräftig.

Wuchs: Breite, kräftige Büsche mit gefiedertem Laub, oft streng riechend, neuere Sorten ohne Geruch.

Blüte: Gelbe, orange oder braune Körbchenblüten, meist gefüllt, auch zweifarbig, straff über dem Laub.

Standort: Alle normalen Gartenböden.

Pflege: Ab März im Haus aussäen, im Mai ins Freie pflanzen. Gut wässern und düngen, vor Schnecken schützen.

Tipps: Am besten gruppen- oder flächenweise verwenden oder in die Rabatte eingestreut. Gute Schnittblume.

Sorten: *T.*-Erecta-Hybriden mit sehr großen, ballförmigen, gefüllten Blüten in Gelb und Orange, in verschiedenen Höhen, gut zum Schnitt; *T.*-Patula-Hybriden sind ähnlich, aber kleinblütiger, auch braun und zweifarbig, 20–50 cm.
Weitere Art: *T. tenuifolia*, feinblättrig, nur 20–40 cm, kleine, ungefüllte, gelbe oder orange Blütensterne, gut kombinierbar, blüht 7–10.

Kapuzinerkresse
(Tropaeolum majus)

↑ 30–200 cm ✿ 7–10 ○–◑

Leuchtkraft und Wuchsfreude sorgen für tropische Üppigkeit im Garten.

Wuchs: Buschige Horste oder mit rankenden Trieben bis 2 m kletternd, je nach Sorte, mit typischen rundlichen, in der Mitte gestielten, oft gelappten Blättern.

Blüte: Große, trichterförmige Blüten mit gefranstem Schlund und Sporn, in leuchtendem Gelb, Orange oder Rot.

Standort: Mäßig nährstoffreiche, lockere, normale Gartenböden.

Pflege: Ab Mai Aussaat ins Freie. Gut wässern, aber mäßig düngen, sonst überwiegend Blätter und kaum Blüten.

Tipps: Lässt sich sehr vielseitig verwenden, zum Beranken von Zäunen, Kaschieren unschöner Anblicke, als Bodendecker, in der Rabatte, im Topf.

Sorten: Meist sind Mischungen verschiedener Blütenfarben im Handel, darunter auch Sorten der kleinblütigeren *T. minus*, wie 'Tip Top'.

Schleier-Eisenkraut, Schleier-Verbene
(Verbena bonariensis)

↑ 80–120 cm ✿ 7–10 ○

Pflegeleichter Dauerblüher, der mit zartem Blütenschleier Beete duftig umspielt.

Wuchs: Straff aufrechte Triebe mit sparrigen, schräg nach oben abstehenden Zweigen.

Blüte: Sehr kleine violette Blüten in kleinen Schirmchen an den Zweigenden.

Standort: Warme, lockere und durchlässige, mäßig trockene bis frische Böden. Keine Staunässe!

Pflege: Ab Februar im Haus aussäen und ab Mai ins Freie auspflanzen. Keimt nicht immer zuverlässig, daher besser Jungpflanzen kaufen.

Tipps: Die duftigen Pflanzen sollten gruppenweise verwendet werden, damit sie ihre Wirkung erzielen. Lässt sich wunderbar mit spät blühenden Stauden und Sommerblumen kombinieren.

Stiefmütterchen
(Viola-Wittrockiana-Hybriden)

↑ 15–30 cm ✿ 3–5/10–12 ○–◑

Mit die bekannteste und verbreitetste Gartenpflanze – ein Frühling ohne sie ist undenkbar (**zweijährige Pflanze**).

Wuchs: Breitbuschig mit eiförmigen, tief eingeschnittenen Blättern.

Blüte: Die fünf Blütenblätter überlappen sich, tragen oft eine Strich-Zeichnung. Immense Farbenvielfalt, ein- oder mehrfarbig, oft mit andersfarbiger Mitte.

Standort: Nährstoffreiche, lockere Gartenböden.

Pflege: Aussaat im Juli, im Herbst verpflanzen und über Winter mit Reisig abdecken. Gut wässern und düngen.

Tipps: Stiefmütterchen lassen sich im Beet wie im Topf sehr gut verwenden.

Sorten: Unüberschaubar großes Sortiment mit jährlich neuen Farben und Zeichnungen. Hier können Sie ganz nach Ihrem Geschmack wählen.
Weitere Art: *V. cornuta*, das **Hornveilchen** oder Mini-Stiefmütterchen, deutlich kleinblütiger und zarter, 10–20 cm, mit vielen Sorten und sehr langer Blütezeit von 5–7/9–10.

Bezugsquellen und Adressen

Garten-Versandhandel

Gärtner Pötschke
Beuthener Straße 4
41561 Kaarst
Tel.: 0 21 31 / 793-333
www.gaertner-poetschke.de

Baldur-Garten
Elbinger Str. 12
64625 Bensheim
Tel.: 0 62 51 / 10 35 10
www.baldur-garten.de

Dehner Gartencenter
Donauwörther Str. 5
86641 Rain am Lech
Tel.: 0 90 90 / 77-0
www.dehner.de

N. L. Chrestensen
Erfurter Samen- und Pflanzenzucht
Witterdaer Weg 6
99092 Erfurt
Tel.: 03 61 / 22 45-0
www.gartenversandhaus.de

Ziergehölze

Lorenz von Ehren
Maldfeldstraße 4
21077 Hamburg
Tel.: 040 / 76 10 8-0
www.lve.de

H. Hachmann Baumschule
Brunnenstr. 68
25355 Barmstedt
Tel.: 0 41 23 / 20 55
www.hachmann.de
(Rhododendren)

Bruns Pflanzen-Export
Johann-Bruns-Allee 1
26160 Bad Zwischenahn
Tel.: 0 44 03 / 6 01-0
www.bruns.de

Baumschulen Huben
Schriesheimer Fußweg 7
68526 Ladenburg
Tel.: 0 62 03 / 92 80 0
www.huben.de

Wörlein Baumschulen
Baumschulweg 9
86911 Dießen
Tel.: 0 88 07 / 92 10-0
www.woerlein.de

Niederlande

C. Esveld
Boomkwekerijen
Rijneveld 72
NL-2771 XS Boskoop
Tel.: 0031-172-213289
www.esveld.nl

Pieter Zwijnenburg Jr.
Halve Raak 18
NL-2771 AD Boskoop
Tel.: 0031-172-216232
zwijnenburgjr@planet.nl

Rosen

Rosarot Pflanzenversand
Besenbek 4b
25335 Raa-Besenbek
Tel.: 0 41 21 / 42 38 84
www.rosenversand24.de

W. Kordes´ Söhne
Rosenstraße 54
25365 Klein Offenseth-Sparrieshoop
Tel.: 0 41 21 / 48 70-0
www.kordes-rosen.com

Rosenwelt Tantau
Tornescher Weg 13
25436 Uetersen
Tel.: 0 41 22 / 70 84
www.rosen-tantau.de

Noack-Rosen
Im Fenne 54
33334 Gütersloh
Tel.: 0 52 41 / 2 01 87
www.noack-rosen.de

Rosenhof Schultheis
Bad Nauheimer Straße 3-7
61231 Bad Nauheim-Steinfurth
Tel.: 0 60 32 / 8 10 13
www.rosenhof-schultheis.de

Österreich

Grumer Rosen
Raasdorfer Straße 28-30
A-2285 Leopoldsdorf
Tel.: +43 / 22 16 / 2 22 30
www.grumer.at/GRUMER/adresse.htm

Schweiz

Richard Huber AG
Rothenbühl 8
CH-5605 Dottikon AG
Tel.: +41 / 56 / 6 24 18 27
www.rosen-huber.ch

Clematis

F. M. Westphal
Clematiskulturen
Peiner Hof 7
25497 Prisdorf
Tel.: 0 41 01 / 7 41 04
www.clematis-westphal.de

Stauden

Foerster-Stauden
Am Raubfang 6
14469 Potsdam-Bornim
Tel.: 03 31 / 52 02 94
www.foerster-stauden.de

Friesland Staudengarten
Uwe Knöpnadel
Husumer Weg 16
26441 Jever-Rahrdum
Tel.: 0 44 61 / 37 63
www.friesland-staudengarten.de

Richard Klose
Rosenstraße 10
34253 Lohfelden
Tel.: 05 61 / 5 15 55
www.staudengaertner-klose.de

Arends Maubach
Stauden & Gartenkultur
Monschaustr. 76
42369 Wuppertal
Tel.: 02 02 / 46 46 10
www.arends-maubach.de

Kayser & Seibert
Odenwälder Pflanzkulturen
Wilhelm-Leuschner-Str. 85
64380 Rossdorf
Tel.: 061 51 / 90 68
www.kayserundseibert.de

Syringa-Samen
Bernd Dittrich
Bachstr. 7
78247 Hilzingen-Binningen
Tel.: 0 77 39 / 14 52
www.syringa-samen.de
(Duftpflanzen, Kräuter)

Staudengärtnerei
Gräfin von Zeppelin
Weinstr. 2
79295 Sulzburg-Laufen
Tel.: 0 76 34 / 6 97 16
www.graefin-v-zeppelin.com

Jennifers Garten,
Staudengärtnerei
88630 Pfullendorf-Otterswang
www.jennifers-garten.de

Staudengärtnerei
Dieter Gaissmayer
Jungviehweide 3
89257 Illertissen
Tel.: 0 73 03 / 72 58
www.staudengaissmayer.de

Österreich

Praskac Pflanzenland
A-3430 Tulln/Donau
Tel.: +43 / 22 72 / 62 46 00
www.praskac.at

Stauden Feldweber
A-4974 Ort im Innkreis
Tel.: +43 / 77 51 / 83 20
www.feldweber.com

Sarastro Stauden
Ort 131
A-4974 Ort im Innkreis
Tel.: +43 / 77 51 / 84 24
www.sarastro-stauden.com

Zwiebelblumen

Albrecht Hoch
Postdamer Str. 40
14163 Berlin
Tel.: 0 30 / 8 02 62 51
www.albrechthoch.de

Küpper Blumenzwiebeln
Hessenringe 22
37269 Eschwege
Tel.: 0 56 51 / 80 05-0
www.kuepper-bulbs.de

Blumenzwiebeln
Horst Gewiehs
Postfach 30
37285 Wehretal
Tel.: 0 56 51 / 33 62 49
www.gewiehs-blumenzwiebeln.de

Niederlande

Van Tubergen
Leidsevaartweg 46
NL-2106 NA Heemstede
Tel.: +31 / 321 / 38 51 41
www.vantubergen.nl

Sommerblumen

Treppens
Berliner Str. 84-88
14169 Berlin
Tel.: 030 / 8 11 33 36
www.treppens.de

Thompson & Morgan
Postfach 10 69
36243 Niederaula
Tel.: 040 / 61 19 39 93
http://seeds.thompson-morgan.com/eud/de
www.tandmworldwide.com/deutschland

Bruno Nebelung
Kiepenkerl Pflanzenzüchtung
Freckenhorster Str. 32
48351 Everswinkel
Tel.: 0 25 82 / 67 00
www.kiepenkerl.de

Die Blumenschule
Engler & Friesch
Augsburger Str. 62
86956 Schongau
Tel.: 0 88 61 / 73 73
www.blumenschule.de

Bambus

Bambus-Centrum
Deutschland
Baumschule Eberts
Saarstr. 3-5
76532 Baden-Baden
Tel.: 0 72 21 / 50 74-0
www.bambus.de

Rasen

Rasenmischungen

Wolf-Garten GmbH &
Co. KG
Industriestraße 83-85
57518 Betzdorf
Tel.: 0 27 41 / 2 81-0
www.wolf-garten.de

Rollrasen

Norddeutsche
Rasenschule
Lohe 61
22397 Hamburg
Tel.: 0 40 / 6 07 15 51
www.norddeutsche-rasenschule.de/

Schmitz & Bollig-
Commer GbR
Ophof
53332 Bornheim
Tel.: 0 22 27 / 62 49
www.rasenrolle.de

J. u. M. Stegmair
Klenauer Str. 1
86561 Aresing-Ober-
wellenbach
Tel.: 0 84 45 / 2 61
www.rollrasen.com

Blumenwiese

Conrad Appel GmbH
Bismarckstr. 59
64293 Darmstadt
Tel.: 0 61 51 / 92 92-0

Syringa-Samen
Bernd Dittrich
Bachstr. 7
78247 Hilzingen-Binningen
Tel.: 0 77 39 / 14 52
www.syringa-samen.de
(Duftpflanzen, Kräuter)

Rasenmäher

Sabo Maschinenfabrik
GmbH
Postfach 31 03 93
51618 Gummersbach
Tel.: 0 22 61 / 7 04-0
www.sabo-maschinen.de

Wolf-Garten GmbH &
Co. KG
Industriestr. 83-85
57518 Betzdorf
Tel.: 0 27 41 / 2 81 0
www.wolf-garten.de

Brill Gartengeräte GmbH
Därmannsbusch 7
58456 Witten
Tel.: 0 23 02 / 7 00-0
www.brillgarten.de

Honda Motor Europe
GmbH
Kundenzentrale
Postfach 20 02 22
63077 Offenbach
Tel.: 0 18 05 / 20 20 90
(gebührenpflichtig)
www.honda.de/pe

Viking
Stihl AG & Co.
Vertriebszentrale
Robert-Bosch-Str. 13
64807 Dieburg
Tel.: 0 60 71 / 2 04-0
www.stihldeutschland.de

Solo Kleinmotoren GmbH
Postfach 60 01 52
71050 Sindelfingen
Tel.: 0 70 31 / 3 01-0
www.solo-germany.com

Rasenkante

W. Neudorff GmbH KG
Postfach 1209
31857 Emmerthal
Beratungs-Tel. (Gebühr)
0180 / 563 83 97
www.neudorff.de

Gartengeräte und Zubehör

Fiskars Deutschland GmbH
Werga-Tools GmbH
Wergstr. 42
40721 Hilden
Tel.: 02 10 / 3 58 90-0
www2.fiskars.com

Pro Idee GmbH & Co. KG
Auf der Hüls 205
52053 Aachen
(Spiralschlauch Seite 60)
Tel.: 0241-109111
Fax 0241-109121
www.proidee.de

Felco
Joachim Baier
Felco Deutschland
82323 Tutzing
Tel.: 0 81 58 / 93 14 0
www.felco.de

Gartenbedarf Versand
Richard Ward
Günztalstraße 22
87733 Markt Rettenbach
Tel.: 0 83 92 / 16 46
www.gartenbedarf-versand.de
(Teleskopschere Seite 35)

Torquato AG
Am Spakenberg 45
21500 Geesthacht
www.torquato.de
(Rosengabel Seite 35)

Sichtschutzmatten

Videx Meyer-Lüters GmbH
Raiffeisenstr. 38-40
27239 Twistringen
Tel.: 0 42 43 / 92 80 10
www.videx.de

Bewässerung

Gardena
Kress & Kastner GmbH
Hans-Lorenser-Str. 40
89079 Ulm
Tel.: 07 31 / 49 0-0
www.gardena.de

Laquatec GmbH & Co.
Postfach 21 73 49
67073 Ludwigshafen
Tel.: 06 21 / 5 72 91-0
www.laquatec.de

Dünger

Langzeitdünger

Substral Osmocote
Scotts Celaflor
GmbH & Co. KG
Konrad-Adenauer-Str. 30
55218 Ingelheim
Tel.: 0 61 32 / 78 03 – 0
www.substral.de

Boden

Bodentest

Neudorff GmbH KG
An der Mühle 3
31860 Emmerthal
Tel.: 0 51 55 / 62 41 16
www.neudorff.de
(Dünger/Bodenverbesse-
rung/Bodentest)

Kompostbehälter

Neudorff GmbH KG
An der Mühle 3
31860 Emmerthal
Tel.: 0 51 55 / 62 41 16
www.neudorff.de

Remaplan
Marxhofstr. 1
82008 Unterhaching
Tel.: 089 / 61 52 10 0
www.remaplan.de

Rankgerüste, Spaliere, Zäune, Sichtschutzwände

Osmo
Ostermann & Scheiwe
Hafenweg 31
48155 Münster
Tel.: 02 51 / 69 22 97
www.osmo.de

Werth-Holz
Postfach 980
57407 Finnentrop
Tel.: 0 23 95 / 1 89-0
www.werth-holz.de

Classic Garden Elements
Goethestr. 27
65719 Hofheim / Taunus
Tel:. 0 61 92 / 90 04 75
www.classic-garden-elements.de

Country Garden
Versand GmbH
Nagolderstr. 23
72119 Ammerbuch
Tel.: 0 70 73 / 23 72
(Figuren, Möbel,
Rankbögen)

Adressen

Bund deutscher Baum-
schulen (BdB)
Bismarckstr. 49
25421 Pinneberg
Tel.: 0 41 01 / 20 59-0
www.bund-deutscher-baum-schulen.de

Bund deutscher Stauden-
gärtner (BdS)
Godesberger Allee 142-148
53175 Bonn
Tel.: 02 28 / 81 00 251
www.stauden.de

Stichwortverzeichnis

Helga Urbans Leidenschaft gilt ihrem Garten. Sie kultiviert darin mehr als 300 teils seltene Topf- und Kübelpflanzen sowie zahlreiche Rosen. Seit einigen Jahren ist sie als freie Gartenberaterin und -planerin tätig. Außerdem ist sie aktives Mitglied bedeutender nationaler und internationaler Garten- und Pflanzengesellschaften. Ihre Gartenerfahrung gibt sie in Büchern, Führungen und Vorträgen weiter.

Dr. Thomas Hagen ist Diplom-Biologe und promovierte an der LMU München sowie Freising-Weihenstephan in Vegetationskunde. Er arbeitete mehrere Jahre zunächst als freier Gutachter zu Naturschutzfragen, später als freiberuflicher Autor, Lektor und Redakteur für verschiedene Verlage im Bereich Garten und Natur. Seit 1996 ist er als Lektor für den Bereich Garten beim BLV zuständig. Er ist begeisterter Botaniker, Naturfotograf und Gartenliebhaber.

Bildnachweis:

Baumjohann: 68ur
Borstell: 1, 7, 8, 9, 10, 11, 12, 13o, 14ul, 15ul, 15ol, 15or, 22, 23, 25l, 25o, 25r, 25u, 28, 29o, 29r, 29l, 30ol, 30or, 30ul, 30ur, 31m, 31o, 31u, 64l, 66, 74o, 75o, 77or, 81, 84l, 84m, 84r, 85l, 85m, 85r, 82, 83, 86, 87, 87u, 88l, 88m, 89l, 89m, 90m, 91m, 91r, 92l, 94, 95, 96r, 97m, 97r, 98r, 99l, 99r, 106, 107, 108m, 109l, 109m, 110l, 111m, 112m, 112r, 113m, 113r, 114m, 114r, 115l, 115m, 116l, 117m, 118, 119, 120l, 122, 123, 125l, 125m, 126m, 126r, 127m, 128, 129, 130l, 131m, 131r, 132r, 133l, 133r, 134, 135o, 136l, 136r, 137m, 137r, 138l, 100, 101, 102ol, 102or, 102-1.v.li, 102-2.v.re, 103o, 103-1.v.li, 103-3.v.li, 103-3.v.re, 104-1.v.li, 104-3.v.li, 104-3.v.re, 104-2.v.re, 105ol, 105or, 105-1.v.li, 105-3.v.re, 104ol
Bühl: 68/Einkl.
Franke: 36or, 36ur
Gardena: 61mr
GBA/Didillon: 43o
GBA/GPL: 29u, 37l, 41or, 74u, 76o
GBA/Noun: 24l, 24m, 37m
Hagen: 43u
Hagen: 96m, 110r, 111l, 117l, 120m, 121m, 121r, 125r, 126l, 127l, 127r, 130r, 132l, 133m
Kordes: 105-3.v.li
Markley: 78or
Pforr: 37o, 37o/Einkl., 55or, 55ul, 55mr, 55ur, 67r, 69u, 77ur, 88r, 96l, 97l, 113l, 132m, 135u, 136m, 138m, 138r, 139r, 103-2.v.re, 104-1.v.re
Redeleit: 14m, 24o, 35l, 38l, 38o, 38r, 39l, 39r, 40ol, 40or, 40ul, 41l, 42or, 59or, 59mr, 61or, 65m, 78ml, 78ur
Reinhard: 30m, 34l, 34r, 44r, 62u, 62o, 67l, 68ol, 68or, 68m, 68ul, 71o, 91l, 93l, 93m, 98l, 98m, 99m, 108l, 108r, 115r, 117r, 121 l, 124l, 124m, 124r, 130m, 139l, 102-2.v.li, 102-3.v.li, 102-3.v.re, 103-1.v.re, 104-2.v.li, 105-2.v.li, 105-2.v.re, 104or
Reithmeier: 69r
Rosen-Tantau: 105-1.v.re
SABO: 41ur
Schanz: 1
Seidl: 14or, 69o, 89r, 90l, 90r, 92m, 92r, 93r, 109r, 110m, 111r, 112l, 114l, 116m, 116r, 120r, 131 l, 139m, 102-1.v.re, 103-2.v.li
Stangl: 137l
Stork: 33, 36l, 38m, 40ur, 41m, 43ur, 42ol, 42ul, 44l, 45o, 45m, 45l, 46, 47l, 47m, 47ur, 47or, 48/49, 50r, 51, 52, 53, 54ul, 55ol, 56l 56r, 57o, 57m, 57u, 58r, 59l, 59ur, 61u, 61ml, 63m, 63o, 63u, 64r, 65o, 7o, 71m, 71r, 71l, 72o, 72m, 72u, 73o, 73m, 73ul, 73ur, 74m, 76m, 77l, 78ul, 79ol, 79or, 79ul
Strauß: 2/3, 13u, 14ur, 27, 50l, 54or, 54ol, 54ur, 60o, 76u, 78ol, 78mr, 79ur
Urban: 35m, 35o, 60u, 69l, 75u
Wolf-Garten: 58l, 65u

Bibliografische Information Der Deutschen Nationalbibliothek

Die Deutsche Nationalbibliothek verzeichnet diese Publikation in der Deutschen Nationalbiografie; detaillierte bibliografische Daten sind im Internet über http.//dnb.d-nb abrufbar.

2. Auflage des Titels »Das Gartenbuch für Anfänger«, Sonderausgabe

BLV Buchverlag
GmbH & Co. KG
80797 München

Umschlaggestaltung:
Kochan & Partner GmbH, München

Umschlagfotos:
Vorderseite: Getty Images/Stockbyte
Rückseite: Borstell

Grafiken: Sylvia Bespaluk

Layoutkonzept Innenteil:
Parzhuber & Partner, München

Lektorat: Dr. Thomas Hagen,
Sandra-Mareike Kreß
Herstellung: Hermann Maxant

Gedruckt auf chlorfrei gebleichtem Papier

Printed in Slowakia ·
ISBN 978-3-8354-0784-8

Was bedeutet eigentlich ...

Begriff	Bedeutung
auf der Fensterbank	Diese Angabe findet man oft auf Samenpackungen. Gemeint ist damit, dass die Anzuchtgefäße oder Aussaatschalen im (warmen) Zimmer hell auf dem Fensterbrett aufgestellt werden, bis die Samen keimen bzw. Jungpflanzen gewachsen sind.
Auge	Hier ist weder das menschliche Auge gemeint noch das andersfarbige Innere einer Blüte, sondern eine ruhende Knospe eines Gehölzes, aus der ein Seitentrieb oder Blatt entstehen kann.
Ausläufer	Waagerecht wachsende Seitensprosse, die sich bewurzeln und neue Pflanzen bilden. Oberirdisch bei Erdbeeren, unterirdisch und lästig bei Giersch und Rosen.
Baumscheibe	Der oft kreisrunde Bereich unter einem Baum mit wenig Erde, Licht und Wasser. Von alleine wächst hier nichts, höchstens Moos oder Unkraut.
Container	ist der übliche Name für Kunststofftöpfe, in denen Pflanzen in Gärtnereien angeboten werden.
diesjähriges Holz	Ein Trieb, der in diesem Jahr gebildet wurde oder gewachsen ist – im Gegensatz zum → vorjährigen oder »alten« Holz.
Drainage	Sie sorgt dafür, dass überschüssiges Wasser abfließen kann und keine → Staunässe entsteht. Um die Drainage zu verbessern oder anzulegen, wird durchlässiges Material – Sand, Kies oder auch kleinere Steine – in den Boden eingearbeitet.
einjährige Pflanzen	wie die Ringelblume blühen noch im gleichen Jahr nach der Aussaat und sterben danach ab. Ihre Samen überleben. Die Einjährigen bilden die größte Gruppe unter den → Sommerblumen.
einmal-blühend	nennt man eine Rose, die nur einmal im Jahr blüht. Aber jedes Jahr wieder. Sie ist keine → einjährige Pflanze, die jedes Jahr abstirbt.
formal	ist eine Gartengestaltung mit strengen geometrischen Formen, exakt geschnittenen Hecken und → immergrünen Gehölzen. Das Gegenteil von aufgelockert oder naturnah.
gefüllte Blüte	Bei ihr besteht das Blüteninnere nicht aus Staub- und Fruchtblättern, sondern ist mit zahlreichen weiteren Blütenblättern gefüllt, etwa bei vielen Rosensorten oder bei Dahlien. Gefüllte Blüten sind in der Regel nicht fruchtbar, können also keine Früchte bilden.

Begriff	Bedeutung
gegenständig	sind Blätter, die an den Trieben direkt einander gegenüber stehen. Etwa beim Flieder.
halb gefüllte Blüte	Eine nicht vollständig → gefüllte Blüte, die im Innern zumindest noch einige Reste von Staub- und Fruchtblättern enthält und demnach auch Früchte ansetzen kann.
Halbschatten	Entweder durchbrochener (lichter) Schatten oder auch zeitweiser Schatten, für einige Stunden am Tag.
Halbstrauch	nennt man eine Pflanze, die nur unten holzig ist, z. B. der Lavendel. Die weichen oberen Teile sterben im Winter ab und wachsen im nächsten Jahr neu.
Hybriden	sind die aus einer Kreuzung hervorgegangenen Pflanzen.
immergrün	nennt man eine Pflanze, die den Winter über ihre Blätter behält, und zwar mehrere Jahre. Aber nicht ihr Leben lang. In der Regel lebt ein Blatt 3 bis 4 Jahre.
Kalk	ist ein wichtiger Bodenbestandteil, der allerdings nicht von allen Gartenpflanzen vertragen wird. Böden mit höherem Kalkgehalt haben auch einen hohen → pH-Wert und eignen sich nicht für säureliebende oder → Moorbeetpflanzen wie etwa Rhododendren.
Körbchenblüte	Nennt man die spezielle Form des Blütenstandes einer Pflanzenfamilie, der Korbblütler, zu denen u. a. Löwenzahn und Margerite gehören. Die einzelnen Blüten sind sehr klein und bilden zusammen einen körbchenförmigen Blütenstand, der wie eine einzige große Blüte wirkt.
kräftig zurück-schneiden	heißt nicht mit viel Kraft, sondern viel im Gegensatz zu wenig. Und mutig statt zögerlich.
Laub abwerfend	sagt man, wenn Pflanzen ihre Blätter jedes Jahr am Ende der Wachstumsperiode abwerfen. Meist im Herbst. Das Gegenteil ist → immergrün.
Moorbeet-pflanzen	Ihr natürlicher Standort ist feucht und hat leicht sauren Boden. Rhododendren z. B. fühlen sich nur unter solchen Bedingungen wohl.
Mutation	Zufällige Veränderung des Erbgutes, durch die z. B. neue Sortenmerkmale entstehen.
öfterblühend	heißt während eines Jahres mehrmals mit Unterbrechungen. Bei Rosen kann das von Juni bis in den Spätherbst hinein sein. Andere Pflanzen sind → einmalblühend.